ACADEMIC

KOREAN READING

Intermediate Level Ⅱ

대학 강의 수강을 위한

한국어 읽기

중급 Ⅱ

연세대학교 한국어학당 편

연세대학교 출판문화원

대학 강의 수강을 위한

한국어 읽기 (중급 Ⅱ)

편저자 연세대학교 한국어학당 교재편찬위원회
집필진 김미옥·민지숙·윤은미·이기성·김미정·최주리
펴낸곳 연세대학교 출판문화원

주소 서울시 서대문구 연세로 50
전화 02) 2123-3380~2
팩스 02) 2123-8673
ysup@yonsei.ac.kr
http://www.yonsei.ac.kr/press
등록 1955년 10월 13일 제9-60호
인쇄 (주)화신문화
삽화 문춘경 외

2012년 5월 25일 1판 1쇄 2025년 5월 9일 1판 10쇄
ISBN 978-89-7141-995-3 (08710)
978-89-7141-987-8 (세트)

값 10,000원

머리말

국내 최고의 명성으로 한국어 교육의 50년 전통을 이어 온 연세대학교 언어연구교육원 한국어학당에서는 한국어 교육의 질을 높이기 위해 그동안 많은 교재를 편찬해 왔다. 최근 한국 내 대학, 대학원에서 수학하고 있거나 진학하고자 하는 외국인이 증가함에 따라 학문을 목적으로 하는 한국어 교재에 대한 학습자들의 요구가 높아지고 있다. 이에 따라 연세대학교 언어연구교육원 한국어학당에서는 대학 수학을 목적으로 하는 외국인 유학생들을 대상으로 한국어와 한국 문화를 교육할 수 있는 새로운 교재를 출간하게 되었다.

연세대학교 언어연구교육원 한국어학당에서 출간하는 이 교재는 대학 생활에 필요한 의사소통 기능을 집중적으로 향상시킬 수 있는『대학 생활을 위한 한국어』시리즈와 대학에서의 수학 능력을 집중적으로 향상시킬 수 있는『대학 강의 수강을 위한 한국어』시리즈로 되어 있다.『대학 생활을 위한 한국어』시리즈는 초급 학습자를 위한『대학 생활을 위한 한국어 초급』, 중급 학습자를 위한『대학 생활을 위한 한국어 중급Ⅰ』,『대학 생활을 위한 한국어 중급Ⅱ』로 되어 있으며,『대학 강의 수강을 위한 한국어』시리즈는 중급 학습자를 위한『대학 강의 수강을 위한 한국어 중급Ⅰ』,『대학 강의 수강을 위한 한국어 중급Ⅱ』그리고 고급 학습자를 위한『대학 강의 수강을 위한 한국어 고급』으로 되어 있다.

『대학 생활을 위한 한국어』시리즈는 한국어 학습 단계별로 요구되는 내용을 주제로 말하기, 듣기, 쓰기 능력을 향상할 수 있도록 다양한 과제와 활동으로 구성된 분리형 교재이다. 그리고『대학 강의 수강을 위한 한국어』시리즈는 대학 수학에서 요구되는 기능과 장르를 중심으로 말하기, 듣기, 쓰기, 읽기 능력을 향상할 수 있도록 실용적인 과제와 활동으로 구성된 분리형 교재이다. 이들 교재에서는 학습자들이 흥미를 가질 수 있는 주제와 상황을 기초로 여러 가지 의사소통 기능 및 전략을 배울 수 있도록 배려하였다.

『대학 생활을 위한 한국어』와『대학 강의 수강을 위한 한국어』가 연세대학교 언어연구교육원 한국어학당에서 공부하는 학생들뿐만 아니라 한국 내에서 대학, 대학원 수학을 목적으로 하고 있는 모든 한국어 학습자들에게 도움이 되기를 바란다.

연세대학교 언어연구교육원
한국어학당 교재편찬위원회

일러두기

- 『대학 강의 수강을 위한 한국어 읽기 중급 Ⅱ』는 강의 수강에 필요한 읽기 능력을 함양시킬 수 있도록 다양한 장르의 글을 중심으로 총 10개의 단원을 구성하였으며 각 단원에서는 글의 특성이 잘 드러나는 2개 혹은 그 이상의의 지문을 제시하였다. 교재를 통해 대학 수업에서 필요로 하는 다양한 장르의 글을 읽고 이해할 수 있는 능력을 갖출 수 있도록 하였다.
- 각 단원의 첫 부분에 제목과 학습목표를 제시하였으며 교재의 맨 뒤에는 모범 답안이 붙어 있다.
- 각 단원은 모두 [준비해 봅시다], [읽어 봅시다], [정리해 봅시다]의 세 단계로 구성되었다.

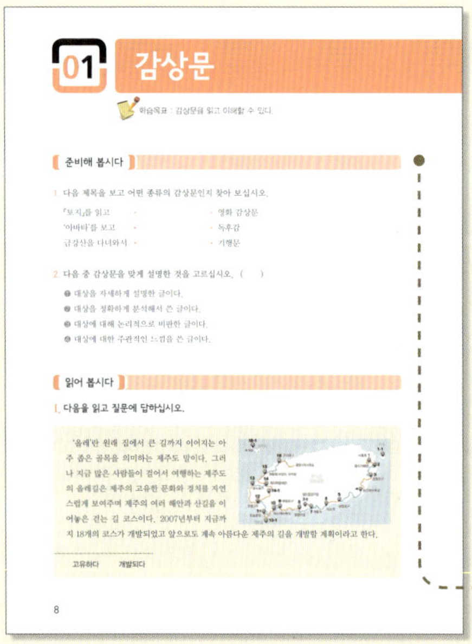

01 감상문

학습목표 : 감상문을 읽고 이해할 수 있다.

준비해 봅시다

1. 다음 제목을 보고 어떤 종류의 감상문인지 찾아 보십시오.

『토지』를 읽고 ·	· 영화 감상문
'아바타'를 보고 ·	· 독후감
금강산을 다녀와서 ·	· 기행문

2. 다음 중 감상문을 맞게 설명한 것을 고르십시오. (　　)

① 대상을 자세하게 설명한 글이다.
② 대상을 정확하게 분석해서 쓴 글이다.
③ 대상에 대해 논리적으로 비판한 글이다.
④ 대상에 대한 주관적인 느낌을 쓴 글이다.

읽어 봅시다

1. 다음을 읽고 질문에 답하십시오.

'올레'란 원래 집에서 큰 길까지 이어지는 아주 좁은 골목을 의미하는 제주도 말이다. 그러나 지금 많은 사람들이 걸어서 여행하는 제주도의 올레길은 제주의 고유한 문화와 경치를 자연스럽게 보여주며 제주의 여러 해안과 산길을 이어놓은 걷는 길 코스이다. 2007년부터 지금까지 18개의 코스가 개발되었고 앞으로도 계속 아름다운 제주의 길을 개발할 계획이라고 한다.

고유하다　　개발되다

8

준비해 봅시다

도입 단계로서 각 단원에서 목표로 하는 글의 유형을 잘 이해할 수 있도록 내용을 구성하였다.

글의 특성이나 구조를 파악할 수 있는 연습문제를 단원마다 2개씩 제시하였다.

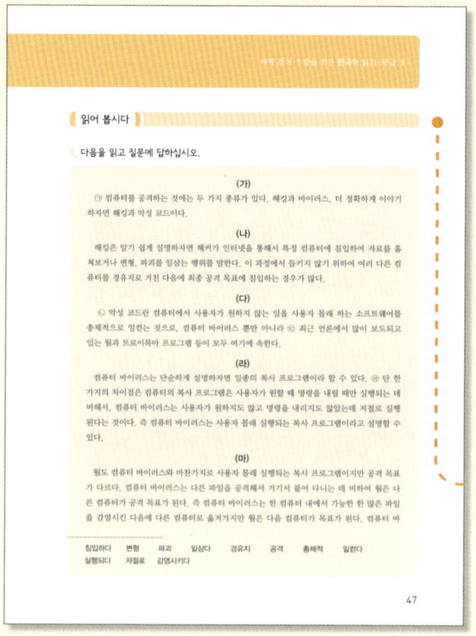
읽어 봅시다

1. 다음을 읽고 질문에 답하십시오.

(가)

㉠ 컴퓨터를 공격하는 것에는 두 가지 종류가 있다. 해킹과 바이러스, 더 정확하게 이야기하자면 해킹과 악성 코드이다.

(나)

해킹은 알기 쉽게 설명하자면 해커가 인터넷을 통해서 특정 컴퓨터에 침입하여 자료를 훔쳐보거나 변형, 파괴를 일삼는 행위를 말한다. 이 과정에서 들키지 않기 위하여 여러 다른 컴퓨터를 경유지로 거친 다음에 최종 공격 목표에 침입하는 경우가 많다.

(다)

㉡ 악성 코드란 컴퓨터에서 사용자가 원하지 않는 일을 사용자 몰래 하는 소프트웨어를 총체적으로 일컫는 것으로, 컴퓨터 바이러스 뿐만 아니라 ㉢ 최근 언론에서 많이 보도되고 있는 웜과 트로이목마 프로그램 등이 모두 여기에 속한다.

(라)

컴퓨터 바이러스는 단순하게 설명하자면 일종의 복사 프로그램이라 할 수 있다. ㉣ 단 한 가지의 차이점은 컴퓨터의 복사 프로그램은 사용자가 원할 때 명령을 내릴 때만 실행되는 데 비해서, 컴퓨터 바이러스는 사용자가 원하지도 않고 명령을 내리지도 않았는데 저절로 실행된다는 것이다. 즉 컴퓨터 바이러스는 사용자 몰래 실행되는 복사 프로그램이라고 설명할 수 있다.

(마)

웜도 컴퓨터 바이러스와 마찬가지로 사용자 몰래 실행되는 복사 프로그램이지만 공격 목표가 다르다. 컴퓨터 바이러스는 다른 파일을 공격해서 거기서 붙어 다니는 데 비하여 웜은 다른 컴퓨터가 공격 목표가 된다. 즉 컴퓨터 바이러스는 한 컴퓨터 내에서 가능한 한 많은 파일을 감염시킨 다음에 다른 컴퓨터로 옮겨가지만 웜은 다음 컴퓨터가 목표가 된다. 컴퓨터 바

침입하다 변형 파괴 일삼다 경유지 공격 총체적 일컫다
실행되다 저절로 감염시키다

47

읽어 봅시다

글의 특징이 잘 드러난 2개 혹은 그 이상의 지문과 질문을 제시하였다.

- 읽기 내용과 관련된 어휘를 따로 뽑아 제시하였다.
- 학습자의 내용 이해를 돕기 위해 내용 이해 질문과 정리형 질문이 제시되었다. 그리고 마지막으로 읽기 내용을 개인화할 수 있도록 추론이나 토론 등 다양한 활동으로 확대할 수 있는 연계형 질문을 제시하였다.

정리해 봅시다

읽기 전략을 익힐 수 있도록 다양한 유형의 연습문제를 풀도록 하였다.

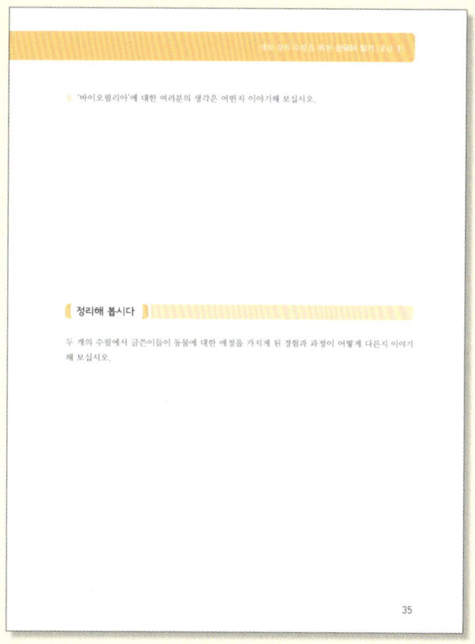
6. '바이오필리아'에 대한 여러분의 생각은 어떤지 이야기해 보십시오.

정리해 봅시다

두 개의 수필에서 글쓴이들이 동물에 대한 애정을 가지게 된 경험과 과정이 어떻게 다른지 이야기해 보십시오.

35

차례

내용 구성

과	제목	학습목표	내용
1	감상문	감상문을 읽고 이해할 수 있다.	1. 제주 올레길 2. 어린 왕자
2	보고문	보고문의 특징을 이해하고 글에 나타난 정보를 파악할 수 있다.	1. 울릉도 · 독도 답사 2. 대한그룹 탐방 보고서
3	논설문	필자의 주장이 드러나는 글을 읽고 논지를 파악할 수 있다.	1. 세계화시대의 문화교류 2. 미국 부자들의 기부문화
4	수필	한국 수필의 특징을 이해하고 감상할 수 있다.	1. 상처 없는 영혼 2. 알면 사랑하게 된다
5	소설	소설을 읽고 인물, 사건, 결말을 파악하고 이해하며 감상할 수 있다.	• 사랑방 손님과 어머니 • 소나기 • 나는 편의점에 간다 • 서울, 1964년 겨울
6	설명문	설명문에 사용된 여러 가지 방법을 파악하여 글을 읽고 이해할 수 있다.	1. 컴퓨터 바이러스 2. 폭포수와 분수
7	논문	논문의 구성을 이해하고 내용을 파악할 수 있다.	학술 논문
8	비평문	비평적인 글을 읽고 이해할 수 있다.	1. 온 국민이 '카수'왕 2. 우리는 무엇을 괴물이라 부르는가
9	기사	기사 글의 특성을 이해하고 내용을 파악할 수 있다.	신문 기사
10	연설문	연설문을 읽고 연설자가 주장하는 것을 이해할 수 있다.	1. 죽은 열정에게 보내는 젊은 구글러의 편지 2. 스티브 잡스의 졸업식 축사

01 감상문

학습목표 : 감상문을 읽고 이해할 수 있다.

준비해 봅시다

1. 다음 제목을 보고 어떤 종류의 감상문인지 찾아 보십시오.

『토지』를 읽고 •	• 영화 감상문
'아바타'를 보고 •	• 독후감
금강산을 다녀와서 •	• 기행문

2. 다음 중 감상문을 맞게 설명한 것을 고르십시오. (　　)

❶ 대상을 자세하게 설명한 글이다.
❷ 대상을 정확하게 분석해서 쓴 글이다.
❸ 대상에 대해 논리적으로 비판한 글이다.
❹ 대상에 대한 주관적인 느낌을 쓴 글이다.

읽어 봅시다

I. 다음을 읽고 질문에 답하십시오.

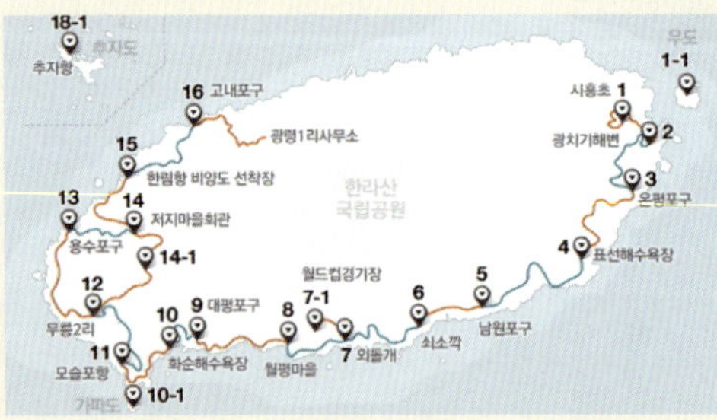

'올레'란 원래 집에서 큰 길까지 이어지는 아주 좁은 골목을 의미하는 제주도 말이다. 그러나 지금 많은 사람들이 걸어서 여행하는 제주도의 올레길은 제주의 고유한 문화와 경치를 자연스럽게 보여주며 제주의 여러 해안과 산길을 이어놓은 걷는 길 코스이다. 2007년부터 지금까지 18개의 코스가 개발되었고 앞으로도 계속 아름다운 제주의 길을 개발할 계획이라고 한다.

고유하다　　개발되다

그 중에서 가장 먼저 개장한 올레 1코스는 작고 아담한 시흥 초등학교에서 출발해 광치기 해안에서 끝나는 15km의 길이다. 운동장에 파란 잔디밭이 그림처럼 펼쳐진 시흥 초등학교를 오른편에 두고 나는 올레 여행을 시작했다. 두 개의 언덕으로 올레길 여행의 문이 열렸다. 시작을 알리는 이 언덕들은 천천히 즐기면서 올라가도 된다. 아직 시간은 많으니까. 산간 도로를 지나서 종다리 해안마을 올레를 지나고 나니까 시흥 해변이 시원스럽게 펼쳐졌다. 그런데 왼편에 바다를 끼고 성산일출봉까지 걸어가는 길이 아스팔트 차도인 것이 좀 아쉬웠다.

이 길을 따라 도착한 곳에서 바라보는 성산일출봉은 정면에서 보는 것과는 다른 맛이 있었다. 그리고 일출봉 주차장을 지나 광치기 해안에 도착하면 15km 올레의 첫 관문을 무사히 통과하게 된다. 이렇게 성산일출봉 아래 광치기 해변에서 올레 1코스는 끝이 났다. 하지만 끝은 새로운 시작이다. 길의 끝에서 다시 올레 2코스가 시작되었다.

제 1코스가 설렘과 긴장을 주었다면 제 2코스는 갈대숲과 물가를 따라 난 길이 내내 편안한 기분을 느끼게 했다. 그런데 호수의 끝쯤에서 나는 길을 잃었다. 갑자기 불어난 물로 길이 물속으로 사라지고 만 것이다. 나는 결정을 해야 했다. 돌아갈 것인가, 물속을 가로질러 갈 것인가, 아니면 또 다른 길을 찾을 것인가. 나는 다른 길을 찾기로 했다. 길을 잃었다고 낙심할 이유가 없다. 사실 길을 잃은 것은 행운이다. 정해진 길이 아니라 나만의 올레길을 만들어 볼 수 있는 기회가 생겼으니까. 제주 한 곳에 아무도 모르는 나만의 올레길을 갖는다는 것은 또 얼마나 행복한 일인가.

세상 어디에도 정해진 길은 없다. 올레길 또한 결코 정해진 하나의 길이 아니다. 올레길의 상징인 화살표와 리본은 방향을 알려 주는 지침일 뿐 길 자체는 아니다. 올레길 위에는 길을 걷는 사람의 숫자만큼이나 많은 길이 있다. 수천, 수만 개의 길을 품고 있는 길이 올레길이다. 우리가 잃지 말아야 할 것은 '길'이 아니라 '올레의 정신'이다. 정해진 길을 자주 벗어날수록 우리는 더 많은 올레길을 만나고 더 많이 행복해질 수 있다. 삶은 어차피 모험이 아닌가. 나는 2코스의 끝이자 3코스의 시작인 온평 포구를 향해 나만의 길을 만들며 걸어갔다.

개장하다 아담하다 펼쳐지다 시원스럽다 아쉽다 관문 설렘
불어나다 가로지르다 낙심하다 지침

01 감상문

1. 위 글은 무슨 종류의 글입니까? (　　)

❶ 영화를 본 후의 감상을 적은 글이다.
❷ 책을 읽은 후의 감상을 적은 글이다.
❸ 여행을 한 후의 감상을 적은 글이다.
❹ 음악회를 다녀 온 후의 감상을 적은 글이다.

2. 위 글에 대한 설명이 **아닌** 것을 고르십시오. (　　)

❶ 비판적인 관점으로 썼다.
❷ 감상 대상에 대해서 묘사했다.
❸ 자신의 느낌을 자유롭게 썼다.
❹ 여행의 과정을 순서대로 썼다.

3. 올레 1코스에 있는 지명을 이 사람이 지나간 순서대로 써 보십시오.

시흥 초등학교 → (　　　　　　　) → (　　　　　　　) → (　　　　　　　) → 광치기 해안

4. 위 글의 내용과 같으면 ○표, 다르면 ×표 하십시오.

❶ 이 사람은 시흥 초등학교에서 여행을 시작했다. (　　)
❷ 이 사람은 길을 잃어서 매우 실망하고 있다. (　　)
❸ 올레길에서는 정해진 길을 따라가야 한다. (　　)
❹ 이 사람은 2코스에서는 1코스와 다른 기분을 느꼈다. (　　)

5. 다음 어휘를 맞게 설명한 것을 찾아 연결하십시오.

1) 아담하다 •	• 마음이 안정되지 않고 떠있다.
2) 아쉽다 •	• 모자라서 안타깝다.
3) 설레다 •	• 막히지 않고 활짝 열려있다.
4) 시원스럽다 •	• 작고 단정하다.

6. 여러분이 여행한 곳 중에서 감상문을 써 보고 싶은 곳은 어디입니까?

Ⅱ. 다음을 읽고 질문에 답하십시오.

중학교 시절 학교 숙제로 읽었던 '어린 왕자'. 그때의 느낌이 어땠는지 지금은 기억이 나지 않는다. 그런데 어느 날 딸의 책장에서 다시 이 책을 본 순간 나는 어느새 그 책을 펴 들고 마지막 페이지까지 단숨에 읽어 내려갔다. 그리고 새삼스럽게 깊은 감동을 느꼈다.

'어린 왕자'는 생텍쥐페리가 2차 세계대전 중 자신의 조국 프랑스가 독일에 패하자 미국으로 건너가서 쓴 작품이다. 생텍쥐페리는 전쟁 중에 멀리 타향에서 이 동화를 쓴 것이다.

'어린 왕자'는 갑작스러운 사고로 사막에 불시착한 비행기 조종사가 어린 왕자를 만나면서 시작된다. 그 어린 왕자는 여러 별을 여행하며 갖가지 사람들을 만나지만 실망만 한다. 그러나 마침내 지구라는 별에서 여우를 만나 서로 사랑하는 법을 알게 되고 책임감을 배우게 된다. 조종사는 이러한 어린 왕자의 이야기와 행동을 통해 많은 것을 느끼며 그동안 잊고 지내던 것들에 대해서 다시 돌아보게 된다. 이 책은 아이들만이 아니라 어른들을 위한 책이기도 하다. 작품에 등장하는 장미, 사막, 물, 뱀, 죽음 등의 상징들은 이 책을 읽는 모든 사람들을 깊이 생각하게 만든다.

작가는 어린 왕자를 통해 세상에 찌들어서 헛된 욕망과 탐욕만을 좇으며 순수함을 잃어버린 현대인들의 잘못을 일깨우고 있다. 특히 어린 왕자가 만난 사람들 중에서 자기 자신에게 칭찬과 박수만을 보내 줄 것을 바라는 이기적인 허영꾼과 돈만 밝히는 탐욕스러운 상인은 순수함을 잃은 현대인의 모습을 그대로 보여주고 있다. 이들을 만난 어린왕자는 "어른들은 정말 이상하다"고 말한다. 어쩌면 이 글을 읽는 현대인들이 가장 깊이 새겨들어야 할 말이라고 생각한다.

현대를 사는 우리들은 항상 바쁘게 사느라 인생을 즐기거나 남들을 따뜻한 눈길로 바라봐 준다거나 한 발 물러서서 세상을 바라볼 여유를 가지지 못하고 살고 있다. 그러나 어린 왕자에서는 각각의 별에 사는 사람들을 보는 어린 왕자의 눈을 통해서 현대인들을 상징적으로 비판하고 있으며 우리들이 다시 어린 아이처럼 순수한 마음을 되찾을 수 있도록 일깨워 주고 있다.

이 책을 읽으면서 나 자신도 동심의 순수함을 잃어버리고 탐욕스러운 세상에 물들어 있다는 생각을 했다. '어린 왕자'는 참으로 오랜만에 나 자신을 되돌아보는 시간을 갖게 해 준 책이었다.

펴 들다　새삼스럽다　타향　불시착하다　등장하다　상징　찌들다
헛되다　욕망　탐욕　일깨우다　허영꾼　새겨듣다　물들다

01 감상문

1. 위 글은 무슨 종류의 감상문입니까? (　　)

❶ 기행문　❷ 독서 감상문　❸ 영화 감상문　❹ 음악 감상문

2. 위 글을 읽고 다음 표를 채우십시오.

작가	
작품 배경	
주제	

3. 글쓴이가 이 책을 통해 얻은 교훈은 무엇입니까? (　　)

❶ 어린 아이 같은 순수함을 되찾자.
❷ 현실적인 생각을 하면서 살자.
❸ 다양한 사람들을 만나 보자.
❹ 꿈을 잃지 말고 살자.

4. 위 글의 내용과 같으면 ○표, 다르면 ×표 하십시오.

1) '어린 왕자'의 작가는 미국인이다. (　　)
2) 글쓴이는 '어린 왕자'를 전에도 읽은 적이 있다. (　　)
3) '어린 왕자'의 비행기 조종사는 여러 별을 여행한다. (　　)
4) '어린 왕자'에는 여러 가지 상징이 나온다. (　　)

5. (보기)의 어휘들을 관계있는 곳에 써 넣으십시오.

보기: 탐욕　책임감　순수함　욕망　이기적　동심

어린 왕자	어른들

6. 여러분이 어렸을 때 읽은 책 중에서 많은 교훈을 얻었던 책이 있습니까? 어떤 교훈을 얻었습니까?

정리해 봅시다

두 감상문의 감상 대상, 감상 방법에 대한 차이점을 말해 보십시오.

02 보고문

학습목표 : 보고문의 특징을 이해하고 글에 나타난 정보를 파악할 수 있다.

준비해 봅시다

1. 다음 제목을 보고 어떤 종류의 보고문인지 찾아보십시오.

우유를 이용한 단백질 응고 현상 •	• 관찰 보고문
안동 하회마을을 둘러보고 •	• 조사 보고문
50년간 한국 인구 분포 변화 •	• 답사 보고문
한라산 생태 환경의 변화 •	• 실험 보고문

2. 보고문에 들어가야 하는 것을 3가지 골라 ✓표 하십시오.

- ☐ 동기
- ☐ 방법
- ☐ 감상
- ☐ 비평
- ☐ 대상
- ☐ 주장

읽어 봅시다

I. 다음을 읽고 질문에 답하십시오.

제목 : 울릉도, 독도 답사

기간 : 9월 18일~9월 22일
지리교육과 09학번 김소희 외 4명

이번 답사는 울릉도 일대와 독도를 돌아보는 일정이었다. 9월 18일부터 22일까지 총 4박 5일 동안 평소 관심이 있던 그곳의 해안지형을 관찰하고 지역 주민들과의 대화를 통해 역사

해안지형

속의 뒷얘기도 알아보고자 이 두 곳을 방문하기로 한 것이다. 지리적으로 육지에서 떨어져 있는 곳이기 때문에 갈 때는 포항에서 배를 이용했고 돌아올 때는 동해 묵호항으로 오는 배를 이용했다. 울릉도 답사를 마치고 독도에 가려고 했지만 우리가 가는 날은 파도가 너무 높아 결국 독도에 상륙할 수 없었고 주변을 살펴보는 것으로 만족해야 했다.

답사코스 1 : 울릉도 성인봉

첫 번째 방문지였던 성인봉. 높이는 984m로 울릉도에서 제일 높은 봉우리이다. 숙소에서 출발하여 성인봉까지 올라 가는 데 걸린 시간은 약 2시간 10분 정도였다. 성인봉 정상에서 날씨가 흐려서 자세히 볼 수는 없었지만 아래에 보이는 분화구의 모습은 신비로웠다.

성인봉은 지형이 가파르지 않고 완만하며 꼭대기에서부터 해안까지 여러 방향으로 계곡이 이루어져 있었다. 또한 이곳은 전국에서 제일 눈이 많이 오는 지역이며 근처에는 다양한 식물과 숲이 잘 보존되어 있는 곳이다. 성인봉 답사를 마치고 10m 정도 내려가니 도동항 방향으로 내려가는 길이 있었다. 비가 와서 미끄러운 길을 조심스럽게 내려갔다.

답사코스 2 : 울릉도 나리분지

성인봉에서 내려온 후, 가벼운 식사를 끝내고 방문한 나리분지는 면적 1.5~2.0km^2 크기이며 울릉도에서 하나밖에 없는 평지로 화산이 폭발하면서 생긴 분화구가 내려앉아서 만들어진 땅이다.

분화구라고 해서 깊은 구멍일 것이라고 생각했지만 실제 모습은 높은 언덕 위에 있는

지리적　상륙하다　봉우리　분화구　가파르다　완만하다　계곡　평지

평지와 같았다. 현재 나리분지에서는 밭농사를 주로 하고 있으며 더덕과 약초 등 나물을 재배한다.

나리분지를 내려오면서 들른 마을에서 울릉도의 또 하나의 특징인 독특한 가옥을 볼 수 있었다. 너와집이라고 하는 이 집은 지붕을 붉은 소나무 조각으로 덮은 형태인데 다른 지역에서는 볼 수 없는 특이한 모양이었다.

답사코스 3 : 독도

독도는 북위 37도, 동경 131도에 위치하고 있다. 두 개의 주요한 섬, 동도와 서도를 비롯한 89개의 크고 작은 섬으로 이루어져 있으며 모든 섬들은 대부분 수심 10m 미만의 얕은 땅으로 연결되어 있다. 배를 타고 둘러보니 해안은 모래가 아닌 암석해안이었고 작은 바위섬들이 해안 근처에 발달되어 있어 매우 특이한 형태를 하고 있었다. 독도에 올라가서 그곳의 동식물을 관찰하고 싶었으나 바람이 심하게 불어 결국 독도에는 상륙하지 못하고 섬 주위를 배로 돌며 해안만 살펴보고 다시 울릉도로 배를 돌려야 했다.

더덕　　재배하다　　수심

1. 위 글에 대한 설명으로 맞지 **않는** 것을 고르십시오. (　　)

❶ 객관적으로 쓴 글이다.
❷ 시간 순서대로 쓴 글이다.
❸ 감정을 솔직하게 표현한 글이다.
❹ 방문한 곳을 관찰하고 쓴 글이다.

2. 위 글의 내용을 다음 표에 정리해 보십시오.

목적	
기간	
지역	
조사 방법	

3. 이 사람이 이곳에 가게 된 이유가 **아닌** 것은 무엇입니까? (　　)

❶ 그곳의 해안지형을 관찰하기 위해서
❷ 평소에 관심이 있었던 곳이기 때문에
❸ 그 지역 주민들을 위해 봉사하기 위해서
❹ 그곳의 숨겨진 이야기를 알아보기 위해서

4. 위 글의 내용과 같으면 ○표, 다르면 ×표 하십시오.

1) 너와집의 재료는 소나무이다. (　　)
2) 나리분지는 성인봉 안에 있는 평지이다. (　　)
3) 성인봉은 울릉도에서 가장 높은 봉우리이다. (　　)
4) 이 사람은 독도의 동식물을 직접 관찰했다. (　　)

5. 다음은 지형을 나타내는 단어입니다. 울릉도와 관계가 있으면 '울', 독도와 관계가 있으면 '독'이라고 쓰십시오.

- 봉우리 (　)
- 암석해안 (　)
- 분화구 (　)
- 얕은 수심 (　)
- 바위섬 (　)
- 분지 (　)

6. 여러분은 두 곳 중 답사해 보고 싶은 곳이 어디입니까? 이유는 무엇입니까?

Ⅱ. 다음을 읽고 질문에 답하십시오.

제목 : 대한그룹 탐방 보고서

일시 : 2010년 10월 2일
경영학과 10학번 김용훈

현재 대한민국 대학생들이 가장 입사하고 싶어하는 기업 1위로 꼽히는 대한그룹의 경영 전략과 기업 문화를 조금이라도 느껴보기 위해 기업 소개 프로그램을 통해 지난 2일 대한그룹을 방문하게 되었다. 하루 동안이지만 대한그룹을 돌아보고 느낀 것을 한마디로 말하면 대한그룹의 성공 요인은 인화 경영과 혁신적 분위기라는 것이다. 자세한 내용은 다음과 같다.

1. 예외 없는 규범

모범생 혹은 엘리트 직장인의 이미지. 대한그룹 직원들은 스스로를 그렇게 생각하고 있었다. 갑작스러운 일을 해결할 때 그때그때 알아서 처리하기보다는 도덕적 기준에 따라 일을 처리하고, 감성보다는 지성에 의존해 판단하는 게 그들의 모습이었다. 업무 시간에 개인적인 일을 봐서는 안 된다는 등 직장인으로서 규범을 지키려는 의식은 다른 그룹보다 강했다. 이렇게 규범을 지키려는 예는 우리가 방문했던 날의 아침 출근 시간에도 볼 수 있었다. 아침 출근 시간 엘리베이터 앞에 길게 늘어선 줄이 있었다. 삼삼오오 서성거리다가 엘리베이터가 도착하면 우르르 타는 다른 직장의 출근 풍경과는 매우 달랐다. 그렇다고 그룹에서 줄서기 운동을 한 것도 아니라고 한다. 그냥 자연스럽게 생긴 습관이라는 것이다. 이러한 규칙은 사장도 예외가 없다고 한다. 이렇게 누가 시키지 않아도 규범이라고 생각하는 것을 누구나 스스로 지키는 것, 그것이 대한그룹 문화의 특성이다.

2. 도전 의식

규범을 지키는 것을 중요시하면서도 대한그룹의 분위기는 결코 권위적이거나 무겁지 않았다. 이것은 부하 직원이 상사에게 자유롭게 자신의 의견을 말하고 상사는 부하 직원의 말에 귀를 기울이는 열린 대화 분위기에서 느낄 수 있었다. 우리가 잠깐 들어가 본 회의장에서 딱딱한 분위기는 전혀 느껴지지 않았고 신입사원까지도 자유롭게 자기 의견을 말하는 것을 볼

전략 인화 혁신적 규범 삼삼오오 서성거리다 권위적

수 있었다. 바로 이러한 분위기에서 도전 의식이 출발한다고 생각되었다. "아무리 좋은 아이디어가 있어도 실행을 하지 못하면 아무 소용이 없습니다. 그리고 누구의 눈치를 보지 말고 자기 의견을 발표해야 실행도 가능할 것입니다. 그래서 자유로운 회의 분위기는 회사의 발전을 위해 아주 중요합니다."라고 인사 담당 부장은 강조했다.

3. 인화를 강조하는 조직분위기

대한그룹의 기업문화에 큰 영향을 끼친 경영 이념은 사람이 전부이며 사람을 믿어야 한다는 '인화(人和)'다. 인화는 1995년 박무영 회장이 취임하면서 주장한 것인데 10년 넘게 대한그룹의 경영 이념이 되고 있다.

대한그룹만이 쓰는 일부 독특한 용어에도 이런 인화 정신이 반영되어 있다. 예를 들어 대한그룹은 '종업원' 대신 '구성원'이란 말을 사용한다. 일을 해 주고 월급이나 받는 수동적 존재가 아니라, 같이 노력해 성과를 내고 보상을 나누며 함께 삶의 질을 높여 가는 동반자라는 뜻이다. 근로자와 사용자라는 대립적인 개념을 근로자와 경영자라는 개념으로 바꾼 것이다.

규범과 도전, 그리고 인화. 대한그룹은 이러한 경영 이념으로 모범적인 기업의 모습을 갖추게 된 것 같다. 그러나 최근 들어 대한그룹은 인화의 개념을 재정립하고 있다. 인화를 '서로 편하게 일하는 것', '잘못을 눈감아 주는 것'으로 오해하는 것을 막기 위해서다. 변화가 느린 아날로그 시대에는 이런 태도가 결속력을 높여주는 기능도 했지만, 디지털, 무한 경쟁 시대에는 기업 경쟁력에 방해가 된다는 것이다. 이 때문에 대한그룹은 인간 존중 경영과 더불어 '혁신'이라는 의식을 직원들에게 심으려고 계속적인 노력을 하고 있다고 했다.

실행　인사담당　이념　취임하다　구성원　재정립　결속력

1. 위 글에 대해서 맞게 설명한 것을 고르십시오. ( )

① 감상을 적은 글이다.
② 경험을 보고하는 글이다.
③ 문제점에 대해 비판하는 글이다.
④ 자기가 본 것을 자세히 묘사하는 글이다.

2. 위 글의 내용을 다음 표에 정리해 보십시오.

목적	
기간	
장소	
조사 방법	

3. 이 사람이 대한그룹을 돌아보고 알게 된 것은 무엇입니까? ( )

① 대한그룹의 역사
② 대한그룹의 임원 조직
③ 대한그룹의 성공 이유
④ 대한그룹의 직원 채용 방법

4. 위 글의 내용과 같으면 ○표, 다르면 ×표 하십시오.

1) 대한그룹은 직원들을 동반자라고 부른다. ( )
2) 대한그룹의 창업주는 처음부터 인화를 강조했다. ( )
3) 대한그룹의 회의에서는 누구나 자유롭게 이야기할 수 있다. ( )
4) 대한그룹에서는 엘리베이터를 탈 때 줄서기 운동을 하고 있다. ( )

5. 다음의 경우는 어떤 것에 해당합니까? (보기)에서 찾아보십시오.

보기	혁신	인화	도전	규범

❶ 상사에게 자기 의견을 자유롭게 이야기할 수 있다. (　　)
❷ 경영자가 종업원을 인간적으로 대해준다. (　　)
❸ 사장도 줄을 서서 엘리베이터를 타야 한다. (　　)
❹ 아무리 오래된 습관이라도 잘못된 규칙은 바꿔야 한다. (　　)

6. 여러분이 생각하는 기업의 성공 요인은 무엇입니까?

정리해 봅시다

두 개의 보고문을 읽고 대상, 목적, 방법에 대해 비교해 보십시오.

03 논설문

학습목표 : 필자의 주장이 드러나는 글을 읽고 논지를 파악할 수 있다.

준비해 봅시다

1. 다음 중 논설문과 사설의 특징을 설명한 것에 ✓표 하십시오.

- ☐ 자기의 생각을 주장하는 글이다.
- ☐ 객관적으로 설명하는 글이다.
- ☐ 논리적으로 쓴 글이다.
- ☐ 자기의 느낌을 솔직하게 쓴 글이다.

2. 다음의 내용이 논설문의 서론, 본론, 결론 중 어디에 들어가야 할지 쓰십시오.

- 해결책 제시 (　　)
- 주장의 논리적 전개 (　　)
- 현상 분석, 문제 제기 (　　)
- 본문의 내용 요약 (　　)

읽어 봅시다

I. 다음을 읽고 질문에 답하십시오.

(가)

20세기 후반 이래 우리는 세계화 시대를 맞이하였다. 그동안 국가별 보호 정책으로 막혀 있던 자본과 상품의 이동이 훨씬 자유로워졌으며, 그로 인해 국가의 경계를 넘어서는 경제 활동이 증가하고 있다. 그에 발맞추어 정치나 문화면에서도 세계적인 교류가 점점 확대되고 있다. 교통과 통신 및 커뮤니케이션 수단이 날이 갈수록 발전하고 있으며 특히 인터넷의 등장으로 문화 교류나 전달의 속도도 엄청나게 빨라지고 있다. 그리하여 세계 각 지역에서 창조되는 문화를 동시대에 같이 즐길 수 있게 된 반면, 외래 문화의 홍수 속에서 우리의 문화적 정체성에 혼란을 가져올

자본　이동　경계　정체성　혼란

수 있다는 걱정 또한 높아지고 있다. 따라서 문화 세계화의 문제점에 대해 알아보고 외래 문화와의 관계 속에서 우리의 문화적 정체성을 어떻게 지켜 나갈지 생각해 보아야 할 것이다.

(나)

세계화 시대를 맞아 각 나라 간의 문화 교류가 활발해지고 있다. 각종 문화상품들은 국경을 자유롭게 넘나들고, 우리는 세계 각지에서 생산되는 문화를 손쉽게 즐길 수 있게 되었다. 우리는 집에 앉아서 세계 여러 곳에서 생산된 음식을 먹고, 영화를 보며, 음악을 듣고, 온갖 정보들을 접하며 살아가고 있다. 특히 인터넷을 비롯한 미디어들의 발달로 문화는 더욱 빠른 시간에 국경을 넘어서게 되었다.

(다)

그러나 현재 진행되는 수많은 문화 교류는 문화를 상품화하여 이윤을 획득하려는 문화 산업에 의해 주도되고 있다. 전 세계인에게 동일한 먹거리를 제공하는 거대 체인점의 패스트푸드나 동시 개봉을 통해 전 세계인이 관람하는 영화는 거대한 상업 자본이 자신의 이윤을 추구하기 위해서 생산하는 것이다. 이러한 문화는 거대 자본을 소유한 미국 혹은 서구 중심적으로 진행된다는 데 문제가 있다. 다시 말해 한 나라나 한 민족의 특성이 사라지고 일방적인 강자의 문화로 획일화될 우려가 있는 것이다. 따라서 세계화된 문화 상품이 전 세계인에게 공통의 정체성과 삶의 방향을 제시해 줄 진정한 문화로 인정받기는 어려운 것이다.

(라)

그러나 문화의 세계적 교류가 현재로서는 문화 산업의 이윤 추구에 의해 주도되고 있다고 하더라도, 그에 반발하여 세계적인 문화 교류를 외면하고 지역 문화나 민족 문화의 특수성만을 지나치게 강조하는 것도 바람직하지 않다. 앞으로 세계는 점점 하나의 '지구촌'이 될 것이며, 그런 만큼 인류 공통의 삶에 관심을 기울이는 문화를 창조하는 것이 필요하다. 그런데 우리 문화의 특수성을 지키기 위해서 세계 문화의 창조에 관심을 기울이지 않는다면, 그것은 시대의 흐름에 뒤떨어지는 일이 될 것이다. 외래 문화의 홍수 속에서 우리 문화의 정체성을 지켜나가는 일도 중요하지만, 우리 문화를 세계화 시대에 맞게 변화, 발전시키려는 노력도 필요하다.

(마)

세계화 시대의 문화 교류는 모든 것을 하나의 문화로 만드는 방향으로 전개되어서는 안 되며,

활발하다　　국경　　개봉　　이윤　　추구하다　　획일화되다　　특수성

03 논설문

다양한 민족과 다양한 문화가 함께 공존하는 방향으로 나가야 한다. 그러기 위해서라도 각각의 문화가 자기의 존재를 지키기 위한 노력도 필요하며 아울러 다른 문화를 존중하고 지켜주려는 자세가 요구된다. 다시 말해 인류 공통의 문제에 관심을 기울이는 세계적인 문화를 창조하는 한편, 지역 문화나 소수 문화의 특수성도 살리는 지혜를 잃지 않아야 하는 것이다.

공존　　존중하다

1. 위 글의 특징으로 맞는 것은 무엇입니까? (　　)

❶ 현실의 문제를 비판하고 있다.
❷ 주요한 개념을 설명하고 있다.
❸ 사회 현상의 원인을 분석하고 있다.
❹ 의견을 논리적으로 주장하고 있다.

2. 위 글을 서론-본론-결론으로 나누어 보고, 맞는 내용과 연결해 보십시오.

서론 •	• (가) •	• 세계 문화 교류의 현재
	• (나) •	• 세계화 시대 문화에 대한 문제 제기
본론 •	• (다) •	• 바람직한 문화 교류의 방향
	• (라) •	• 현재의 문화 교류의 문제점
결론 •	• (마) •	• 올바른 문화 교류를 위한 자세

3. 위 글에서 글쓴이가 말하려고 하는 것은 무엇입니까? (　　)

❶ 각 나라의 고유한 문화를 발전시켜야 한다.
❷ 다양한 문화가 공존하는 방향으로 나가야 한다.
❸ 단일한 세계 문화를 만드는 것은 어려운 일이다.
❹ 문화 세계화는 각 나라의 전통을 사라지게 할 수도 있다.

4. 위 글의 내용과 맞지 **않는** 것은 무엇입니까? (　　)

❶ 세계화 시대에는 자본과 상품이 자유롭게 이동한다.
❷ 경제 세계화는 문화적 세계화보다 쉽게 이루어진다.
❸ 현재의 문화 산업은 이윤을 추구하기 위해 만들어진다.
❹ 앞으로 여러 문화가 단일한 문화로 통합되어 갈 것이다.

5. (　　)에 알맞은 단어를 보기 에서 찾아 쓰십시오.

보기

획일화되다	활발하다	추구하다	주도되다

1) 최근 한국과 아시아 여러나라 사이에 (　　　)은/는 문화교류가 이루어지고 있다.
2) 학생들의 개성을 억압하는 (　　　)은/ㄴ 교육의 문제점을 비판하는 사람이 많다.
3) 현대사회에서 사람들은 정신적 가치보다 물질적 욕망을 (　　　)는 경향이 있다.
4) 최근 서비스 요금의 상승에 의해 물가 인상이 (　　　　)고 있다.

6. 현재 진행되는 문화 세계화의 예를 이야기해 보십시오.

Ⅱ. 다음을 읽고 질문에 답하십시오.

(가)

워런 버핏 버크셔해서웨이 회장과 빌 게이츠 마이크로소프트 창업자가 주도하고 있는 '기부약속' 운동에 40명의 미국 부호들이 동참 의사를 밝혔으며, 이들이 약속한 기부 액수는 무려 1,250억 달러(175조여 원)에 이른다고 한다. 거액 기부에 나서고 있는 미국 기업인들의 모습은 기업의 사회적 역할을 잘 보여준다.

(나)

미국 부자들의 기부액 규모도 놀랍지만 동참 이유는 더 감동적이다. 기부에 대한 그들의 언급은 부에 대한 인식과 함께 기부의 의미와 효과 등을 생생하게 전해준다.

'많은 재산을 기부할 수 있는 것은 책임이 아니라 특권이며 행운이다.'

'농부들이 수확 이후 땅에 비료를 뿌려 다시 기름지게 하듯 내 재산을 되돌려 줌으로써 사회를 풍요롭게 하고 싶다.'

'기부를 통해 얻을 수 있는 행복과 기쁨은 그 무엇과도 바꿀 수 없는 소중한 경험이다.'

이러한 말들은 돈을 써야 하는 방법, 가진 자들의 사회적 책임, 나눔을 통해 더불어 사는 삶의 필요성 등에 대해 쉽고 정확하게 설명해주고 있다.

창업자　　기부　　동참　　규모　　책임　　특권　　수확　　풍요롭다

03 논설문

(다)

그들의 기부 행위는 우리나라 부자와 기업인들을 돌아보게 만든다. 우리 부자들도 기부를 많이 한다. 그러나 개인 재산이 아닌 기업 돈이 대부분이다. 연말연시에 내는 거액의 기부금은 대부분 그룹이나 임직원에 의한 것이지 개인 명의는 거의 없다. 어쩌다 있는 개인 기부도 비리 등에 따른 사회적 지탄 등을 모면하기 위한 경우여서 감동을 주지 못한다. 자발적으로 개인 재산을 흔쾌히 내놓는 미국과는 대조적이다.

(라)

기업인들의 기부는 다른 사람들에게 도움이 되는 것이지만 기업과 기업인 스스로를 위한 것이기도 하다. 기업과 기업인에 대한 이미지가 좋아지면 장사가 잘 돼 더 많은 돈을 벌 수 있기 때문이다. 사회를 위해 개인 재산의 절반 정도를 아낌없이 내놓는 미국 부자들의 아름다운 기부 문화가 우리나라에도 하루 빨리 꽃피울 수 있기를 기대한다.

비리　　지탄　　모면하다　　흔쾌히

1. 위 글의 특징으로 맞지 **않는** 것을 고르십시오. (　　)

❶ 사회 현상을 분석하고 있다.
❷ 현실의 문제점을 비판하고 있다.
❸ 필자의 주장을 서술하고 있다.
❹ 대상에 대한 감상을 표현하고 있다.

2. 중심 내용이 **잘못** 연결된 것을 찾으십시오. (　　)

❶ (가) 미국 부자들의 기부 약속
❷ (나) 기부에 대한 인식
❸ (다) 한국의 기부 문화
❹ (라) 기부 문화의 조건

3. 위 글에서 글쓴이가 말하려고 하는 것은 무엇입니까? (　　)

❶ 한국의 부자들도 기부에 많이 참여했으면 한다.
❷ 미국 부자들은 장사를 잘 하기 위해 기부를 한다.
❸ 기부는 사회의 발전을 위해서 꼭 필요한 제도이다.
❹ 기부를 하는 사람은 행복과 기쁨을 경험할 수 있다.

4. 위 글의 내용과 같은 것은 무엇입니까? (　　)

❶ 우리나라 기업은 주로 개인의 재산을 기부한다.
❷ 기부를 하는 것은 기업의 이미지를 좋게 만든다.
❸ 기업의 가장 중요한 사회적 역할은 기부를 하는 것이다.
❹ 부자들이 기부하는 것은 더 많은 이익을 얻기 위해서이다.

5. 본문에서 다음의 단어와 비슷한 의미로 쓰인 단어를 찾아보십시오.

- 피하다 – (　　　　　)
- 함께 하다 – (　　　　　)
- 비난을 받다 – (　　　　　)

6. 다음 신문기사를 읽고, 위의 사설의 입장과 어떻게 다른지 이야기해 보십시오.

미국의 부자들을 대상으로 재산의 사회기부를 촉구하는 워렌 버핏과 빌 게이츠의 기부 서약 운동이 박수와 환호만을 받는 건 아니다. 우리 현실에서 이들의 기부 서약 운동은 여전히 감동이지만, 누구를 위해 어떤 방식으로 기부할 것인지의 문제가 있다.

〈월스트리트 저널〉은 '기부 서약이 진정으로 가난한 이들을 도울 수 있는가'라는 비판적인 기고문을 실었다. 이 글은 "기부 방식의 변화 없이는 훌륭한 결과가 나올 수 없을 것"이라고 말하고, 미국 부자들의 기부가 주로 대학과 병원, 의료 단체, 문화 예술 기관 등에 집중되고 있으며 사회 단체나 빈민과 소수인들을 위한 비정부기구는 거의 혜택을 받지 못한다고 비판하고 있다. 예컨대 건강 보건 분야의 경우에도 "기부는 거의 예외 없이 잘 나가는 큰 병원이나 대학 등이 가져간다"는 것이다.

독일 시사주간지 〈슈피겔〉도 기부 서약이 지나치게 '미국적'이라며 세금보다는 기부가 유리하기 때문이 아닌가라고 의문을 제기했다. 함부르크의 거부인 페터 크래머는 8일 이 주간지와의 인터뷰에서 "미국에서는 기부액의 대부분이 세금 혜택을 받기 때문에 부자들은 기부와 세금을 놓고 선택을 하게 된다"며 독일의 부자들은 다른 기부 방법을 찾을 것이라고 말했다. 그는 "그들이 기부를 선택할 경우 그 돈을 어디에 쓸 것인지를 정부가 아닌 극소수의 부자들이 결정하는 결과를 낳는다"고 지적했다. 차라리 세금으로 거둬들여 공공적 목적에 써야 하는 것 아닌가라는 반론이다.

정리해 봅시다

두 글에서 글쓴이의 주장이 강하게 드러난 부분이 어디인지 찾아 보십시오.

04 수필

학습목표 : 한국 수필의 특징을 이해하고 감상할 수 있다.

준비해 봅시다

1. 수필에 대해 맞는 말을 골라 보십시오.

수필은 (작가, 작품 속 주인공)의 생각을 잘 나타내는 문학 장르이다. 수필은 형식이나 내용이 (개방적, 제한적)인 것이 가장 큰 특징이다.

2. 다음 중 수필과 관계가 있는 것을 찾아 ✓표 하십시오.

- ☐ 특정한 형식이 없다.
- ☐ 인물, 사건, 배경이 필요하다.
- ☐ 수필에서 화자는 작가 자신이다.
- ☐ 만들어 낸 인물들이 나온다.
- ☐ 운율(두운, 각운 등)이 맞는 경우가 많다.

읽어 봅시다

I. 다음을 읽고 질문에 답하십시오.

(가)

어렸을 때 집 마당에는 메리라는 개가 있었다. 스피츠의 잡종인 메리는 털빛이 희고 몸집이 크지 않았으며 손님과 잡상인을 구분할 줄 아는 아주 영리한 개였다. 저녁을 먹고 나면 어머니는 식구들이 남긴 밥을 담고 구운 생선 남은 것을 모아 개밥을 만드셨다. 어둑어둑한 기운이 한옥집 처마에 내릴 때면 연탄불 위에서 찌그러진 메리의 양은 밥그릇이 달그락거리고 메리는 따뜻한 저녁을 먹곤 했다. 겨울밤에 형제들과 아랫목에 앉아서 광에서 꺼낸 차가운 날고구마를 깎아 먹으며 놀다가 화장실에 가는 길이면 메리는 어두운 마당에서 초롱초롱 검은 눈을 빛내며 나를 따라오곤 했다. 내가 메리, 하고 부르면 두 발을 모으고 배를 땅에 깐 채로 어리광을 피우던 흰 강아지.

잡종 잡상인 어둑어둑하다 처마 양은 초롱초롱 어리광을 피우다

(나)

그런데 어느 날 메리가 사라져 버렸다. 온 동네를 뒤졌지만 허사였다. 오빠는 시무룩한 얼굴로 학교로 가고 나는 온종일 주인 잃은 메리의 작은 개집만 바라보며 앉아 있었다. 동네에 개장수가 나타나 개들을 훔쳐 갔다는 이야기가 들렸다. 그 귀여운 메리를 잡아먹으려고 가져간 개장수 이야기만 생각해도 토할 것 같았다. 그 후로 우리 집은 아파트로 이사를 하게 되었으니 개를 키운다는 생각 같은 건 하지 못하고 지냈다.

(다)

그러던 어느 날 고등학생이 된 오빠가 작은 상자를 들고 집으로 돌아왔다. 내가 달려가니 뜻밖에도 그 속에는 박카스 상자가 아주 크게 보일 정도로 작은 강아지가 한 마리 들어 있었다. 아직 눈도 뜨지 못한 어린 강아지였다. 형제들은 학교에서 돌아오면 책가방 속에서 우유나 과자를 꺼내 바둑이에게 주었다. 바둑이는 형제들이 용돈을 아껴 사온 우유를 먹고 잘도 컸다. 하지만 문제는 바둑이의 꼬리가 도르르 말려 부끄러운 부분이 훤히 드러나 보이고 다리도 짧은 이름도 없는 잡종이라는 것이었고, 우리 집은 아파트라는 데에 있었다. 이름도 없는 잡종인 바둑이는 한 달 만에 내 무릎에 오도록 커버린 것이었다.

(라)

어머니는 신경질이 늘어갔지만 바둑이는 아무 데나 똥을 쌌고, 영어로 된 혈통이 있는 다른 집 강아지들처럼 작은 목소리가 아니라 무식하게도 크게 짖어대곤 했다. 앞집에서 인터폰이 오고 수위실에서 연락이 왔다. 어머니가 진땀을 흘리며 그것에 대해 사과를 하고 있었다. 나는 어머니가 그래서 부끄러워하고 있다는 것을 알았지만 나의 사랑을 온통 차지하고 있는 바둑이를 어디론가 데려가겠다고 말할까봐 ㉠짐짓 아무것도 모르는 체했다. 아무것도 모르는 체하기⋯⋯ 그래서 바둑이를 더 열심히 사랑해 주기⋯⋯ 그건 어린 시절의 내가 알고 있는, 내가 사랑하는 것에 대한 내 유일한 보호 방법이기도 했다. 이웃의 눈총 때문에 우리는 바둑이를 데리고 산책을 가지도 못했다.

(마)

결단을 내린 건 어머니였다. 어느 날 학교에서 돌아와 보니 어머니는 바둑이를 파출부 아줌마에게 주어 버리고 말았다고 했다. 어머니가 그동안 그 바둑이 때문에 얼마나 신경을 곤

도르르　　말리다　　혈통　　차지하다　　짐짓　　결단을 내리다　　파출부

04 수필

두세웠는지 아는 나는 갑자기 어른스럽게 그 사실을 인정해 버렸다. 나는 ㉡울거나 떼쓰지 않고 알았다고만 대답했던 것이다. 하지만 나는 파출부 아줌마의 집이 어떻게 생겼는지 알고 있었다. 방 안에서도 얼음이 어는 추운 집이었다. 학교에 가서도 바둑이 생각뿐이었다. 아직도 어린 강아지가 얼마나 추울까 하는 생각에 ㉢수업 시간에 혼자 눈물을 펑펑 쏟으며 울기도 했다. 바둑이는 얼마나 추울까 생각하면 ㉣따뜻한 아파트에 사는 게 미안했다. 파출부 아줌마는 얼마나 추울까는 한 번도 생각해 본 일이 없었는데 나는 파출부 아줌마는 안 불쌍하고 내가 키우다 보낸 그 바둑이만 불쌍했다. 바둑이는 흔히 길거리에서 볼 수 있는 똥개일 뿐이었지만 나는 그를 사랑해 버린 것이었다. 사랑하는 데 혈통과 모양새가 뭐가 중요하단 말인가……. 그건 내 손에서 꼬물거리던 강아지였고 내가 우유를 먹여서 기른 생명이라는 사실이 중요했던 것이다.

(바)

이제 커서 어른이 된 지금 아파트에서 태어나 아파트에 사는 아이들을 바라볼 때면 나는 그 시절의 나를 생각한다. 생명의 존귀함이라든가 하는 거창한 말들은 생각도 하지 않았지만, 나는 어린 시절의 강아지들을 통해 그걸 배웠던 것 같다. 이제 우리의 아이들은, 컴퓨터 앞에 앉아서 재미 삼아 화면 속의 사람들을 죽이고 때리는 아이들은 무엇을 배우게 될까 생각하니 걱정스러웠던 것이다. 하지만 또 생각해본다. 하찮은 강아지 한 마리를 걱정하던 마음은 내게서도 사라져 버린 건 아닐까 하고 말이다. 혼자만 따뜻한 집에서 사는 걸 미안해하던 마음. 강아지를 위해 울던 그 마음을 이제 강아지보다 더 귀한 사람들에게는 1백분의 일도 쏟지 않는 건 아닐까 하는 생각이 들면 부끄러워지는 것이다.

꼬물거리다　　거창하다

1. 작가는 독자에게 하고 싶은 말을 어떤 방식으로 하고 있습니까? (　　)

❶ 글 전체를 통해 독자들을 가르치고 있다.

❷ 글의 처음 부분에서 하고 싶은 말을 강조하고 있다.

❸ 자신의 경험을 소개하고 마지막 부분에서 가볍게 이야기하고 있다.

❹ 하고 싶은 말을 하지 않고 이야기를 통해 독자 스스로 느끼게 하고 있다.

2. 주제가 나타난 부분을 찾으십시오. (　　)

❶ 글 (가)　　❷ 글 (다)　　❸ 글 (마)　　❹ 글 (바)

3. ㉠~㉣ 중 바둑이에 대한 작가의 마음을 알 수 있는 부분이 **아닌** 것은 무엇입니까? (　　)

❶ ㉠ 짐짓 아무것도 모르는 체했다.

❷ ㉡ 울거나 떼쓰지 않고 알았다고만 대답했다.

❸ ㉢ 수업 시간에 혼자 눈물을 펑펑 쏟으며 울기도 했다.

❹ ㉣ 따뜻한 아파트에 사는 게 미안했다.

4. 작가가 어렸을 때 강아지들을 키우면서 배우게 된 것은 무엇입니까? 글 (바)에서 찾아 써 보십시오.

(　　　　　　　　　　　　　　　　　　　　)

5. 밑줄 친 단어가 **잘못** 사용된 것을 고르십시오. (　　)

❶ 밤에 불이 나가 어둑어둑해진 방에서 넘어지고 말았다.

❷ 선생님의 첫사랑 이야기에 학생들의 눈이 초롱초롱 빛났다.

❸ 파마 머리를 당겼다가 놓으니 도르르 말려 올라갔다.

❹ 배추벌레가 꼬물거리면서 기어가고 있었다.

6. 여러분이 기르던 동물이나 식물 때문에 슬프거나 마음이 아팠던 적이 있으면 이야기해 보십시오.

Ⅱ. 다음을 읽고 질문에 답하십시오.

(가)

동굴 벽화의 소재를 살펴보면 동물들이 대부분입니다. 먼 옛날 고구려 벽화에서 장수들이 사냥하는 모습을 봐도 동물에 대한 관심은 오랜 옛날부터 아주 많았던 듯합니다. 그 이유에는 여러 가지가 있겠지만, 간단히 생각해 보면 '필요했기 때문'에 그러했을 겁니다. 식량을 얻기 위해 동물을 사냥해야 했고, 그러려면 그 동물이 어느 통로를 이용해 어디로 이동하고 언제 나타나는지 잘 알아야 했을 겁니다. 그런 지식이 없는 사냥꾼은 동물이 오지도 않는 엉뚱한 곳에서 늘 헛수고만 했을 테지요. 또 만약 사람을 잡아먹거나 해칠 수 있는 무서운 동물이라면, 그 동물이 언제 어디에 나타나는지 알아야 피할 수 있었을 겁니다. 아마도 이렇게 인간은 생존을 위해 동물을 관찰했을 겁니다. 그런데 이런 필요에 의해서 관찰을 한다고 하지만 그것 말고도 이유는 또 있는 것 같습니다. 어떻게 보면 좀 더 근본적인 이유인지도 모르지요.

(나)

하버드대학교의 생물학자 에드워드 윌슨 교수는 '바이오필리아'라는 아주 과감한 이론을 우리에게 제시하고 있습니다. 바이오는 '생명 또는 생물'이라는 뜻이고, 필리아라는 말은 '좋아한다, 사랑한다'는 뜻입니다. 윌슨 교수는 인간의 천성에 생명 그 자체에 대한 '사랑' 또는 '애착'이 있다고 주장합니다. 이를테면 우리가 아기 사슴을 보고 무척 예쁘다고 느끼는 것은 누가 시키거나 디즈니 영화에 아기 사슴이 자주 나와서 습관적으로 그렇게 생각하는 것이 아니라 우리 마음속에 자연과 같이 하고 싶어하는 천성이 있기 때문이라는 것입니다.

(다)

그러나 늘 사랑스런 마음만 생기는 것은 아닙니다. 예를 들어 참새를 보고 돌멩이를 던지기도 합니다. 예전부터 동물을 잡아먹고 살았으니 먹이를 보면 잡으려고 그렇게 행동하는 건지도 모르지요. 하지만 참새가 열린 창문으로 방에 들어왔을 때 그 참새를 죽이려고 밖에 나

벽화　장수　식량　사냥꾼　엉뚱하다　관찰　천성　애착

가서 돌멩이를 가지고 들어오지는 않지요. 그렇게 아주 가까이 다가오면 대개 그 새를 사랑하게 됩니다. 잘 보호해 주고 심지어는 기르고 싶어합니다. 이런 행동을 보면 동물을 사랑하는 본성이 인간의 내면에 있으리라고 추측할 수 있습니다. 동물을 연구하다 보면 그들의 행동을 자세히 들여다보게 되는데, 현재의 인간도 진화의 산물이기에 이런 관찰 속에서 인간의 본성을 찾는 데 많은 실마리를 얻을 수 있다고 생각하게 되었습니다. 이것이 바로 동물행동학자들이 동물을 연구하는 궁극적인 목적이지요.

(중략)

(라)

모든 동물행동학자는 돈이 없어도 계속 연구를 진행합니다. 왜냐고요? 너무 재미있으니까요. 그냥 호기심 하나만으로도 동물을 연구한다는 것은 너무나 흥미진진합니다. 여러분도 동물 영화를 아주 좋아하지 않나요? 동물을 연구하는 과정은 아주 어렵지만 그 어려움 속에서도 순간순간 언제나 흥미진진함과 아름다움을 느낍니다. 여러분도 이런 동물의 세계를 탐구하면서 앞에서 말씀드렸듯이 자연에 대하여 많이 알도록 노력하면 좋겠습니다. 알면 사랑하게 됩니다. 여러분 모두 자연을 사랑하는 사람이 되길 바랍니다.

본성　　진화　　산물　　흥미진진하다　　탐구

04 수필

1. 위 글에 대한 설명으로 맞는 것은 무엇입니까? (   )

❶ 사회를 비판하고 있다.
❷ 자신의 경험을 서술하고 있다.
❸ 전문적인 내용을 쉽게 이야기하고 있다.
❹ 자신의 감정을 아름답게 표현하고 있다.

2. 문단에 맞는 내용을 골라 연결하십시오.

글 (가) •	• 동굴 벽화에는 동물 그림이 많다.
글 (나) •	• 동물 연구는 인간 이해에 도움이 된다.
글 (다) •	• 인간 본성에 생명을 사랑하는 마음이 있다.
글 (라) •	• 동물과 자연에 대해 많이 알고 사랑하게 되기 바란다.

3. 동굴 벽화에 동물 그림이 많았다는 사실을 통해 알수 **없는** 것은 무엇입니까? (   )

❶ 옛날에는 그림의 소재가 많지 않았다.
❷ 인간은 옛날부터 동물에 대해 관심이 많았다.
❸ 옛날에는 동물 그림이 예술적으로 가치가 높았다.
❹ 옛날에는 동물 그림이 인간을 지켜 준다고 믿었다.

4. 위 글에서 동물 연구를 통해 얻을 수 있는 것으로 이야기하지 **않은** 것은 무엇입니까? (   )

❶ 흥미진진함과 아름다움을 느낀다.
❷ 인간의 본성을 찾는 데에 도움이 된다.
❸ 동물들을 아는 만큼 더 사랑하게 된다.
❹ 동물을 이용하는 방법을 알게 되어 부유해진다.

5. 접두사 '헛'을 맞게 쓴 것에 ○표시 하고 [보기]와 같이 뜻을 이야기해 보십시오.

[보기] 헛수고 : 아무 보람 없이 한 수고

헛수고	헛고생	헛노력	헛걸음
헛소문	헛성공	헛기침	헛눈물

6. '바이오필리아'에 대한 여러분의 생각은 어떤지 이야기해 보십시오.

정리해 봅시다

두 개의 수필에서 글쓴이들이 동물에 대한 애정을 가지게 된 경험과 과정이 어떻게 다른지 이야기해 보십시오.

05 소설

학습목표 : 소설을 읽고 인물, 사건, 결말을 파악하고 이해하며 감상할 수 있다.

준비해 봅시다

1. 다음은 소설의 3요소입니다. (   )에 알맞은 것을 쓰십시오.

인물　　배경　　사건

소설 속에 등장하는 사람 (   )
소설 속에서 일어나는 일 (   )
소설이 진행되는 시간 또는 공간 (   )

2. 소설 속에서 이야기가 진행되는 과정을 순서대로 쓰십시오.

발단　　절정　　결말　　전개

이야기가 시작되는 첫 부분 (   ) → 이야기가 발전하는 단계 (   )
→ 갈등과 긴장이 최고로 나타나는 부분 (   ) → 마무리 단계 (   )

읽어 봅시다

다음은 소설의 일부분입니다. 인물의 성격과 특성을 생각하면서 읽어 봅시다.

I. [인물]

나는 금년 여섯 살 난 처녀애입니다. 내 이름은 박옥희이구요. 우리집 식구라고는 세상에서 제일 이쁜 우리 어머니와 단 두 식구뿐이랍니다. 아차, 큰일났군, 외삼촌을 빼놓을 뻔 했으니.

지금 중학교에 다니는 외삼촌은 어디를 그렇게 싸돌아다니는지 집에는 끼니 때 외에는 별로 붙어 있지를 않아 어떤 때는 한 일주일씩 가도 외삼촌 코빼기도 못 보는 때가 많으니까요.

금년　　싸돌아다니다　　코빼기　　예사

깜빡 잊어버리기도 예사지요, 무얼.

우리 어머니는, 그야말로 세상에서 둘도 없이 곱게 생긴 우리 어머니는, 금년 나이 스물네 살인데 과부랍니다. 과부가 무엇인지 나는 잘 몰라도 하여튼 동리 사람들이 날더러 '과부딸'이라고들 부르니까 우리 어머니가 과부인 줄을 알지요. 아버지가 다 있는데 나만은 아버지가 없지요. 어버지가 없다고 아마 '과부딸'이라나 봐요.

과부　　동리 사람

1. 이 소설에서 말하고 있는 인물(화자)은 누구입니까? 그 사람에 대해서 이야기해 보십시오.

2. '어머니'에 대한 설명 중 맞지 **않는** 것을 고르십시오. (　　)

❶ 과부의 딸이다.
❷ 아름다운 사람이다.
❸ 남편이 돌아가셨다.
❹ 올해 스물 네 살이다.

3. 위 글의 내용에 대한 설명으로 맞는 것은 무엇입니까? (　　)

❶ 옥희의 가족은 네 사람이다.
❷ 옥희는 외삼촌과 같이 살고 있다.
❸ 외삼촌은 회사일 때문에 바쁘다.
❹ 동네 사람들이 옥희를 과부라고 부른다.

Ⅱ. [인물]

소년은 개울가에서 소녀를 보자 곧 윤초시네 증손녀딸이라는 걸 알 수 있었다. 소녀는 개울에다 손을 잠그고 물장난을 하고 있는 것이다. 서울서는 이런 개울물을 보지 못하기나 한 듯이.

벌써 며칠 때 소녀는 학교서 돌아오는 길에 물장난이었다. 그런데 어제까지는 개울 기슭에서 하더니 오늘은 징검다리 한가운데 앉아서 하고 있다.

소년은 개울둑에 앉아 버렸다. 소녀가 비키기를 기다리자는 것이다.

요행 지나가는 사람이 있어 소녀가 길을 비켜주었다.

다음날은 좀 늦게 개울가로 나왔다.

이날은 소녀가 징검다리 한가운데 앉아 세수를 하고 있었다. 분홍 스웨터 소매를 걷어 올린 팔과 목덜미가 마냥 희었다.

개울가　증손녀딸　잠그다　비키다　기슭　요행　징검다리　마냥

1. 위 글에 대한 설명으로 맞는 것을 고르십시오. (　　)

❶ 1인칭 시점으로 서술하고 있다.
❷ 인물의 성격을 행동으로 묘사한다.
❸ 인물에 대해서 객관적으로 설명하고 있다.
❹ 소설의 화자는 소설 속에 등장하는 인물이다.

2. 소년의 성격이 **아닌** 것은 무엇입니까? (　　)

❶ 적극적이다
❷ 내성적이다
❸ 소극적이다
❹ 부끄러워한다

3. 위 글의 내용과 같으면 ○표, 다르면 ×표 하십시오.

1) 소녀는 전에 서울에서 살았다. ( )
2) 소년은 오늘 처음으로 소녀를 만났다. ( )
3) 소년은 소녀가 누구인지 알고 있다. ( )

다음은 소설의 일부분입니다. 이 장면에서 일어나는 사건은 무엇인지 생각하며 읽어 봅시다.

Ⅲ. [사건]

한참 후에 아저씨의 손목을 잡고 내려오는데 유치원 동무들을 만났습니다.

"옥희가 아빠하구 어디 갔다온다, 응."

하고 한 동무가 말하였습니다. 그 아이는 우리 아버지가 돌아가신 줄은 모르는 아이였습니다. 나는 얼굴이 빨개졌습니다. 그때 나는 얼마나 이 아저씨가 정말 우리 아버지였더라면 하고 생각했는지 모릅니다. 나는 정말 한번만이라도, '아빠'하고 불러 보고 싶었습니다. 그리고 그날 아저씨하고 손목을 잡고 골목골목을 지나오는 것이 어찌도 재미가 좋았는지요.

나는 대문까지 와서,

"난 아저씨가 우리 아빠라면 좋겠다."

하고 불쑥 말했습니다. (가) 그랬더니 아저씨는 얼굴이 홍당무처럼 빨개져서 나를 몹시 흔들면서

"그런 소리 하면 못써."

하고 말하는데 그 말소리가 몹시도 떨렸습니다. 나는 아저씨가 몹시 성이 난 것처럼 보여서 아무 말도 못하고 안으로 뛰어들어갔습니다. 어머니가

"어디까지 갔던?"

하고 나와 묻는데, 나는 대답도 못하고 그만 훌쩍훌쩍 울었습니다. 어머니는 놀라서,

"옥희야, 왜 그러니? 응?"

하고 자꾸만 물었으나 나는 아무 대답도 못하고 울기만 했습니다.

동무　　골목　　불쑥　　홍당무　　성이 나다　　훌쩍훌쩍

1. 위 글에 나타난 사건에 대한 설명으로 맞지 **않는** 것을 고르십시오. (   )

❶ 옥희의 말 때문에 생긴 일이다.
❷ 옥희와 아저씨 사이에 일어난 일이다.
❸ 어머니는 무슨 일이 일어났는지 알지 못하고 있다.
❹ 옥희가 아빠보다 아저씨를 더 좋아해서 생긴 일이다.

2. (가)에 나타난 아저씨의 태도는 어떻습니까? (   )

❶ 화가 난다　　❷ 짜증이 난다
❸ 당황하고 있다　　❹ 기분이 나쁘다

3. 위 글의 내용과 같으면 ○표, 다르면 ×표 하십시오.

1) 옥희는 아저씨와 같이 외출을 하였다. (   )
2) 친구는 아저씨를 옥희의 아버지라고 생각했다. (   )
3) 옥희는 자기가 우는 이유를 어머니에게 설명했다. (   )

Ⅳ. [사건]

누군가 큐마트 안으로 들어왔다. 파란색 야구모자를 눌러쓴 이십대 후반의 남자였다. 남자는 철제 선반 사이를 돌아다니며 이것저것 물건을 고르고 있었다.

그때였다. 도로에서 갑자기 끼익-하는 소리가 들렸다. 나와 큐마트 청년과 야구모자를 쓴 사내는 동시에 창밖을 쳐다보았다. 편의점 유리창 밖에서 한 여고생이 눈 앞에서 붕-하고 떠올랐다 도로 위로 떨어져 나갔다. 횡단보도 앞, 은색 쏘나타 한 대가 놀란 듯 멈춰서 있는 게 보였다. 쏘나타는 당황했는지 갑자기 전속력을 내며 그곳을 벗어나기 시작했다. 큐마트 청년은 밖으로 곧장 뛰어나갔다. 나는 얼어붙은 듯 그 자리에 서 있었다. 유리창 너머로 사람들이 모여드는 게 보였다. 그중에는 패밀리마트의 주인 여자도 있었다. 사람들은 각기 휴대폰을 들고 경찰서, 애인, 가족에게 전화하는 듯했다. 여고생은 머리가 박살난 채, 뒤집어진 교복 치마 사이로 희멀건 하체를 드러내 놓고 있었다. 사람들은 현장에 둥그렇게 모여 있었으

철제　선반　횡단보도　전속력　얼어붙다　박살나다　희멀겋다
하체

나, 끔찍했던 탓인지 아직도 여고생 곁에 가지 않고 있었다.

나는 계산대 앞으로 갔다. 그런데 그때, 파란색 야구모자를 눌러쓴 남자가 계산대 앞의 복권을 한 뭉치 집어 자신의 앞가슴에 넣고 있었다. 나는 간이 가판대 쪽으로 황급히 몸을 돌렸다.

복권 **한뭉치**

1. 이 장면에서 주인공이 본 사건이 **아닌** 것은 무엇입니까? (   )

❶ 소녀가 교통사고를 당했다.
❷ 사람들이 전화를 하고 있다.
❸ 사고를 낸 자동차가 도망쳤다.
❹ 큐마트의 청년이 복권을 훔쳤다.

2. 위의 사건을 바라보는 주인공의 태도로 가장 알맞은 것은 무엇입니까? (   )

❶ 무관심하다
❷ 호기심이 생긴다
❸ 당황스럽다
❹ 공포심이 생긴다

3. 위 글의 내용과 같으면 ○표, 다르면 ×표 하십시오.

1) 처음에 큐마트 안에는 세 사람이 있었다. (   )
2) 나는 사고가 난 곳으로 달려갔다. (   )
3) 야구모자를 쓴 남자는 청년 대신 계산을 도와 주었다. (   )

05 소설

다음은 소설의 일부분입니다. 결말의 특징을 생각하면서 읽어 봅시다.

V. [결말]

그날 오후에 아저씨가 떠나간 다음 나는 방에서 아저씨가 준 인형을 업고 자장자장 잠을 재우고 있었습니다. 어머니가 부엌에서 들어오시더니,

"옥희야, 우리 뒷동산에 바람이나 쐬러 올라갈까?"

하십니다.

"응, 가, 가."

나는 좋아 덤비었습니다.

잠깐 다녀올 테니 집을 보고 있으라고 외삼촌에게 이르고 어머니는 내 손목을 잡고 나섰습니다.

"엄마, 나, 저 아저씨가 준 인형 가지고 가?"

"그러렴."

나는 인형을 안고 어머니 손목을 잡고 뒷동산으로 올라갔습니다. 뒷동산에 올라가면 정거장이 빤히 내려다보입니다.

"엄마, 저 정거장 봐. 기차는 없군."

어머니는 아무 말씀도 없이 가만히 서 계십니다. 사르르 바람이 불어와서 어머니 모시 치맛자락을 산들산들 흔들어 주었습니다. 그렇게 산 위에 가만히 서 있는 어머니는 다른 때보다도 한층 더 이쁘게 보였습니다.

저편 산모퉁이에서 기차가 나타났습니다.

"아, 저기 기차 온다."

하고 나는 좋아서 소리쳤습니다.

기차는 정거장에 잠시 머물더니 금시에 삑하고 소리를 지르면서 움직였습니다.

"기차 떠난다"

하면서 나는 손뼉을 쳤습니다. 기차가 저편 산모퉁이로 사라질 때까지, 그리고 그 굴뚝에서 나는 연기가 하늘 위로 모두 흩어질 때까지, 어머니는 가만히 서서 그것을 바라다보았습니다.

인형　　자장자장　　뒷동산　　빤히　　치맛자락　　산모퉁이　　머물다
손뼉을 치다

1. 위 글의 내용과 맞지 **않는** 것은 무엇입니까? (　　)

❶ 소설의 마지막 부분이다.
❷ 아저씨가 떠난 후의 일이다.
❸ 옥희의 시선으로 그려지고 있다.
❹ 어머니의 감정을 직접 표현하고 있다.

2. 위 글의 내용과 **다른** 것은 무엇입니까? (　　)

❶ 옥희는 기차를 보는 것을 좋아한다.
❷ 옥희의 외삼촌은 외출을 하지 않았다.
❸ 옥희는 아저씨가 준 선물을 마음에 들어한다.
❹ 옥희와 어머니는 함께 여행을 떠나고 싶어한다.

3. 위 글에서 추측할 수 있는 것은 무엇입니까? (　　)

❶ 옥희와 어머니는 많은 이야기를 나눈다.
❷ 어머니는 기차 타는 것을 좋아하지 않는다.
❸ 옥희는 어머니의 마음을 잘 이해하는 것 같다.
❹ 어머니는 아저씨가 탄 기차가 떠나는 것을 보고 싶어한다.

Ⅵ. [결말]

그 다음날 아침 일찍 안이 나를 깨웠다.
"그 양반, 역시 죽어 버렸습니다."
안이 내 귀에 대고 그렇게 속삭였다.
"예?"
나는 잠을 깨끗이 깨어 버렸다.
"역시...."
나는 말했다.
"사람들이 알고 있습니까?"

양반

05 소설

"아직까진 아무도 모르는 것 같습니다. 우린 빨리 도망해 버리는 게 시끄럽지 않을 것 같습니다."

"자살이지요?"

"물론 그것이겠죠."

나는 급하게 옷을 주워 입었다. 개미 한 마리가 방바닥을 내 발이 있는 쪽으로 기어 오고 있었다. (가) 그 개미가 내 발을 붙잡으려고 하는 것 같은 느낌이 들어서 나는 얼른 자리를 옮겨 디디었다.

밖의 이른 아침에는 싸락눈이 내리고 있었다. 우리는 할 수 있는 한 빠른 걸음으로 여관에서 떨어져갔다.

디디다　　싸락눈

1. 위 글의 내용과 같은 것을 고르십시오. (　　)

① 자살 사건이 일어난 시간은 낮이다.
② 나는 사건이 일어난 곳에서 도망친다.
③ 자살한 사람을 불쌍하게 생각하고 있다.
④ 자살을 한 사람은 나와 친한 사람이다.

2. (가)에 나타난 주인공의 마음을 잘 표현한 것을 모두 고르십시오. (　　,　　)

① 귀찮은 사건에 관계되고 싶지 않다.
② 사건 이야기를 듣고 매우 당황하고 있다.
③ 주인공은 사건이 일어날 것을 예상하고 있었다.
④ 다른 사람들에게 사건을 알리고 도움을 받고 싶어한다.

3. 위 글을 읽은 후 독자들의 반응으로 적당한 것은 무엇입니까? (　　)

❶ 책임을 질 수 없는 일은 피하라는 교훈이 들어있군요.
❷ 다른 사람의 일에 무관심한 현대인을 비판하고 있군요.
❸ 어려운 삶을 도와야 한다는 휴머니즘이 잘 나타난 글이군요.
❹ 힘들고 어려운 상황에 있는 사람들에게 위로가 되는 작품이군요.

정리해 봅시다

위의 소설들에서 인물, 사건, 결말의 특징이 어떻게 나타나는지 이야기해 보십시오.

06 설명문

학습목표 : 설명문에 사용된 여러 가지 방법을 파악하여 글을 읽고 이해할 수 있다.

준비해 봅시다

1. 다음 글의 주제를 보고 설명적 글에 적당한 것은 (설), 논리적 글에 적당한 것은 (논), 문학적 글에 적당한 것은 (문)이라고 쓰십시오.

- 역사란 무엇인가? ( )
- 사형 제도는 폐지되어야 한다 ( )
- 자연 보호인가? 환경 보호인가? ( )
- 기억 속의 그 사람 ( )
- 나는 나를 사랑한다 ( )
- 동물들의 언어 ( )

2. 다음은 설명문에 많이 사용되는 방법들입니다. 서로 관계있는 것을 연결해 보십시오.

나열 •	• 우리나라 방언은 크게 제주도 방언, 경상도 방언, 전라도 방언, 충청도 방언, 경기도 방언, 강원도 방언으로 나눌 수 있다
예시 •	• 우리 가요에 자주 나오는 단어를 보면 눈물, 밤, 꿈, 이별, 비, 외로운, 슬픈, 나그네, 사랑, 안개, 고향 등 이별에 관한 단어가 많다.
묘사 •	• 예를 들어 "혼저 옵소예."라고 할 때 이 지방사람들은 "어서 오십시오."라는 말보다 훨씬 더 친근감을 느낄 수 있다.
분류 •	• 빗질도 안 해 부스스한 머리에 그 날 아침 세수를 했는지가 정말 의심스러운 얼굴로......

읽어 봅시다

Ⅰ. 다음을 읽고 질문에 답하십시오.

(가)

㉠ 컴퓨터를 공격하는 것에는 두 가지 종류가 있다. 해킹과 바이러스, 더 정확하게 이야기하자면 해킹과 악성 코드이다.

(나)

해킹은 알기 쉽게 설명하자면 해커가 인터넷을 통해서 특정 컴퓨터에 침입하여 자료를 훔쳐보거나 변형, 파괴를 일삼는 행위를 말한다. 이 과정에서 들키지 않기 위하여 여러 다른 컴퓨터를 경유지로 거친 다음에 최종 공격 목표에 침입하는 경우가 많다.

(다)

㉡ 악성 코드란 컴퓨터에서 사용자가 원하지 않는 일을 사용자 몰래 하는 소프트웨어를 총체적으로 일컫는 것으로, 컴퓨터 바이러스 뿐만 아니라 ㉢ 최근 언론에서 많이 보도되고 있는 웜과 트로이목마 프로그램 등이 모두 여기에 속한다.

(라)

컴퓨터 바이러스는 단순하게 설명하자면 일종의 복사 프로그램이라 할 수 있다. ㉣ 단 한 가지의 차이점은 컴퓨터의 복사 프로그램은 사용자가 원할 때 명령을 내릴 때만 실행되는 데 비해서, 컴퓨터 바이러스는 사용자가 원하지도 않고 명령을 내리지도 않았는데 저절로 실행된다는 것이다. 즉 컴퓨터 바이러스는 사용자 몰래 실행되는 복사 프로그램이라고 설명할 수 있다.

(마)

웜도 컴퓨터 바이러스와 마찬가지로 사용자 몰래 실행되는 복사 프로그램이지만 공격 목표가 다르다. 컴퓨터 바이러스는 다른 파일을 공격해서 거기서 붙어 다니는 데 비하여 웜은 다른 컴퓨터가 공격 목표가 된다. 즉 컴퓨터 바이러스는 한 컴퓨터 내에서 가능한 한 많은 파일을 감염시킨 다음에 다른 컴퓨터로 옮겨가지만 웜은 다음 컴퓨터가 목표가 된다. 컴퓨터 바

침입하다　변형　파괴　일삼다　경유지　공격　총체적　일컫다
실행되다　저절로　감염시키다

06 설명문

이러스가 전 세계를 감염시키는 데는 어느 정도 시간이 필요한 데 비해서, 웜은 거의 30분 내로 전 세계의 컴퓨터를 감염시킬 수 있는 것도 이러한 특성 때문이다.

(바)

㉤ 트로이목마 프로그램은 '트로이목마'라는 이름이 뜻하는 대로 정상적인 프로그램처럼 보이지만 사실은 프로그램 내부에 사용자 몰래 자료를 빼내는 등의 기능이 숨겨져 있는 프로그램을 말한다. 그러나 컴퓨터 바이러스나 웜처럼 복사 기능은 없기 때문에 스스로 다른 파일이나 컴퓨터를 감염시키지는 않는다. 이러한 악성 코드들은 소프트웨어 불법 복사나 의심스러운 웹 사이트 그리고 이메일을 통해서 퍼져 나가는 경우가 많다.

빼내다

1. ㉠~㉤에서 사용된 방법을 보기에서 고르십시오.

보기

분류	예시	묘사	정의	비교	나열

㉠ :　　㉡ :　　㉢ :　　㉣ :　　㉤ :

2. 각 문단의 중심 내용을 간단히 쓰십시오.

글 (가)	해킹과 악성 코드
글 (나)	
글 (다)	
글 (라)	
글 (마)	
글 (바)	

3. 위 글의 내용과 같으면 ○표, 틀리면 ×표 하십시오.

1) 해킹은 되도록 많은 컴퓨터를 감염시키는 데 목적이 있다. ( )
2) 감염이 가장 빠르게 퍼지는 것은 컴퓨터 바이러스이다. ( )
3) 악성 코드에 감염되지 않으려면 아무 사이트나 들어가지 않도록 주의한다. ( )
4) 기업의 비밀을 빼내기 위해 많이 사용되는 악성 코드는 트로이목마이다. ( )

4. 악성 코드에 속하는 컴퓨터 바이러스와 웜, 트로이목마 프로그램의 유사점과 차이점을 쓰십시오.

종류	유사점	차이점
컴퓨터 바이러스와 웜		
컴퓨터 바이러스와 트로이목마		

5. 어휘가 **잘못** 쓰인 문장을 고르십시오. ( )

❶ 감기는 주로 공기를 통해 감염된다.
❷ 그의 부모는 그를 김영수라고 일컬었다.
❸ 계획은 세우는 것보다 실행하는 것이 더 어렵다.
❹ 이철재는 젊었을 때부터 거짓말과 싸움을 일삼았다.

6. 컴퓨터 바이러스에 감염된 적이 있습니까? 여러분이 알고 있는 컴퓨터 바이러스는 어떤 것이 있습니까?

Ⅱ. 다음을 읽고 질문에 답하십시오.

동양인은 폭포수를 사랑한다. 위에서 아래로 떨어지는 물줄기를 사랑한다. 폭포수 밑 깊은 물속에는 어김없이 용이 살며, 그 곳에 선녀들이 내려와 목욕을 한다. 폭포수에는 동양인의 마음속에 흐르는 환상적인 무지개가 있다.

서양인은 분수를 사랑한다. 땅으로부터 하늘을 향해 힘차게 오르는 분수, 로마에 가든 파

폭포수 어김없이 선녀 환상적

리에 가든 런던에 가든 어느 도시에 가든 분수의 물줄기를 볼 수 있다. 분수에는 으레 조각이 있고 그 옆에는 시원한 광장이 있다. 그 광장에는 비둘기가 날고 젊은 연인들의 사랑이 있다. 분수에는 서양인의 마음속에 흐르는 꿈의 무지개가 있다.

폭포수와 분수는 동양과 서양의 각기 다른 두 문화의 원천을 보여준다. 그 둘은 어떻게 다른가? 폭포수는 자연이 만든 물줄기이고 분수는 인공적인 힘으로 만든 물줄기이다. 그래서 폭포수는 깊은 산 속에 들어가야 볼 수 있고, 반대로 분수는 도시의 가장 번화한 곳에 가야 구경할 수 있다. 하나는 숨어 있고 하나는 겉으로 드러나 있다. 폭포수는 자연의 물이고 분수는 도시의 물, 문명의 물이다.

장소만 그런 것이 아니다. 물줄기도 정반대이다. 폭포수도 분수도 그 물줄기는 시원하다. 그러나 폭포수의 물줄기는 높은 데서 낮은 곳으로 떨어진다. 원래 물은 높은 데서 낮은 데로 흐르는 것이다. 하늘에서 비가 땅으로 떨어지는 것과 같다. 아주 작은 냇물이나 크고 깊은 강물이나 모든 물의 움직임은 다를 것이 없다. 폭포수는 우리에게 물의 본성을 최대한으로 표현해 준다.

그러나 분수는 그렇지 않다. 서양의 도시에서 볼 수 있는 분수는 대개 다 하늘을 향해 솟구치는 분수들이다. 화산이 불을 뿜듯이, 또는 로켓이 솟아오르듯이 땅에서 하늘로 올라가는 힘이다. 분수는 자연의 질서를 어기고 부정하며 제 스스로의 힘으로 자연의 힘과 싸우는 운동이다. 자연의 본성에 도전하는 물줄기이다. 가장 물답지 않은 물, 가장 부자연스러운 물의 운동이다.

그들은 왜 분수를 좋아했는가? 어째서 비처럼 밑으로 내려오고 강물처럼 흘러내리는 물의 속성과는 정반대의 분출하는 물줄기를 생각해 냈는가? 같은 힘이라도 폭포가 자연 그대로의 힘이라면, 분수는 인위적인 힘이다. 여기에 바로 운명에 대한, 인간에 대한, 자연에 대한 동양인과 서양인의 차이가 있다.

그들이 말하는 창조의 힘이라는 것, 문명의 질서라는 것, 그리고 사회의 움직임이라는 것도 사실은 저 광장에서 솟구치는 분수의 운동과 같은 것이다. 끊임없이 모터와 같은 인위적인 힘을 주었을 때만 분수는 하늘을 향해 솟아오를 수 있다. 이 긴장, 이 지속, 이것이 서양의 역사와 그 인간 생활을 지배해 온 힘이다.

으레	광장	원천	인공적	드러나다	본성	최대한
솟구치다	뿜다	솟아오르다	분출하다	속성	인위적	지배하다

1. 위 글에 대한 설명으로 맞는 것을 고르십시오. (　　)

❶ 폭포수와 분수가 무엇인지에 대해 설명하고 있다.
❷ 폭포수와 분수에 대해 예를 들어 설명하고 있다.
❸ 폭포수와 분수를 여러 면에서 비교하며 차이를 설명하고 있다.
❹ 폭포수와 분수를 자세히 묘사하며 그 둘의 차이를 설명하고 있다.

2. 글쓴이가 위 글을 통해 이야기하고 싶은 것은 무엇입니까? (　　)

❶ 동양인과 서양인의 사고방식
❷ 동양인과 서양인의 꿈
❸ 자연과 도시의 모습
❹ 자연과 과학의 힘

3. 다음 어휘는 무엇과 관계가 있는지 표에 정리하십시오.

환상	꿈	선녀	조각	연인	용
도심	산 속	떨어진다	솟구친다	흐른다	솟아오른다
분출한다	내린다	문명의 물	자연의 물	인위적인 힘	자연적인 힘
자연의 본성	자연의 본성에 도전				

폭포수	
분수	

4. 위 글의 내용과 같으면 ○표, 다르면 ×표 하십시오.

1) 폭포수는 자연의 질서를 부정한다. ( )
2) 동양 문화는 자연에 따르지만 서양 문화는 자연에 도전한다. ( )
3) 동양인과 서양인은 인간과 자연에 대한 사고방식이 서로 다르다. ( )
4) 동양 문화는 환상적 문화이고 서양의 문화는 인위적 문화이다. ( )

5. 어휘의 관계가 **다른** 것을 고르십시오. ( )

❶ 자연적 / 인위적
❷ 자연적 / 창조적
❸ 환상적 / 현실적
❹ 인공적 / 자연적

정리해 봅시다

두 글은 설명하는 방법에서 어떤 공통점과 차이점이 있는지 이야기해 보십시오.

07 논문

학습목표 : 논문의 구성을 이해하고 내용을 파악할 수 있다.

준비해 봅시다

1. 논문에 대해 맞는 말을 찾아 ✓표 하십시오.

- ☐ 자신의 의견이나 주장을 논리에 맞게 쓴다.
- ☐ 자신의 주관적인 생각을 입증하지 않고 쓴다.
- ☐ 처음부터 끝까지 내용의 일관성이 있어야 한다.
- ☐ 내용의 일관성을 지키는 것보다 다양한 관점을 나열하는 것이 좋다.
- ☐ 자신의 주제에 맞게 자유롭게 목차를 구성해서 쓴다.
- ☐ 일정한 형식을 지켜서 목차를 구성하여 쓴다.

2. 다음은 논문의 구성과 포함되어야 할 내용입니다. 맞게 연결해 보십시오.

논문 제목

- Ⅰ. 서론 •
- Ⅱ. 연구 방법과 연구 결과 •
- Ⅲ. 결론 •
- 참고 문헌 •

- • 문제를 제기하거나 연구의 필요성을 기술한다. 관련 이론과 이전 연구들을 살펴본다.
- • 논문에서 인용한 자료의 출처를 밝힌다.
- • 연구 결과를 요약하고 논문의 의의, 활용 가치를 정리하며 제언을 한다.
- • 연구 방법을 기술한다. 연구 결과를 자세히 기술하고 해석한다.

읽어 봅시다

Ⅰ. 다음을 읽고 질문에 답하십시오.

한국의 빠른 경제성장과 2002년 월드컵의 성공적 개최, 아시아 나라에서의 한류열풍 등으로 한국에 대한 관심이 늘어나면서 국내 대학의 학부와 대학원에 입학하는 외국인 유학생 수가 계속 증가하고 있다. 2004년 12월 교육인적자원부가 '외국인 유학생 유치 확대 방안'을 통해 2010년까지 외국인 유학생을 5만 명까지 유치하겠다고 발표했기 때문에 유학생 수는 계속 증가할 것이다. 그러나 매년 증가하는 외국인 유학생들은 교과목 수강, 보고서 작성, 토론 및 발표, 시험 준비 등에서 어려움을 느끼고 있다.

이런 점에서 본고에서는 외국인들이 한국의 대학에서 성공적으로 유학을 하기 위해서 무엇을 배우기를 원하는지 요구 분석을 해 보고자 한다. 이런 요구 분석의 결과는 학문 목적 한국어 교육과정 개발을 위한 교수요목 설계에 기초 자료를 제공할 수 있을 것이다.

한류열풍 유치 방안 본고 요구 교수요목

1. 위 글에 대한 성격으로 맞는 것은 무엇입니까? (　　)

❶ 연구 방법을 소개하고 있다.
❷ 연구의 결과를 기술하고 있다.
❸ 연구와 관련한 이론을 소개하고 있다.
❹ 문제를 제기하고 연구의 필요성을 기술하고 있다.

2. 논문 제목으로 적당한 것은 무엇입니까? (　　)

❶ 한국 정부의 유학생 관련 정책 연구
❷ 외국인 유학생을 위한 교과목 개발 연구
❸ 학문 목적 한국어 교육과정 개발을 위한 요구 분석
❹ 한국의 경제 발전과 외국인 유학생의 증가 추세 분석

3. 이 연구는 왜 필요합니까? (　　)

❶ 유학생들이 수업에서 어려움을 겪고 있기 때문에
❷ 정부에서 외국인 유학생 유치 확대 계획을 발표했기 때문에
❸ 경제 성장, 월드컵, 한류 등의 영향으로 외국인이 늘어났기 때문에
❹ 대학에서 발표, 토론, 보고서 작성 등을 하는 수업이 늘어났기 때문에

4. 위 글의 내용과 같으면 ○표, 다르면 ×표 하십시오.

1) 한국의 대학교에서 유학생 유치 확대 방안을 발표했다. (　　)
2) 외국 유학생들은 한국의 대학교에 잘 적응하고 있다. (　　)
3) 한국의 대학교에서 공부하려고 하는 외국인은 계속 늘고 있다. (　　)

Ⅱ. 다음을 읽고 질문에 답하십시오.

김아영(2002)의 연구에서는 교육 경험이 2년 이하인 초보 교사나 어머니보다 교육 경험이 많은 교사가 집단 따돌림을 덜 심각하게 느끼고 있었다. 이는 교육 경험이 많은 교사는 집단 따돌림 현상을 여러 번 봤기 때문에 익숙해져 있고 교육 경험이 2년 이하인 교사는 낯설기 때문이다. 또 부모는 본인의 자녀에 대한 문제이기 때문에 따돌림 현상을 심각하게 보고 있다. 이찬근(2004)의 연구에서는 학생이 교사를 따르는 정도가 따돌림 현상과 관계가 있음을 발견했다. 교사를 따르는 학생일수록 따돌림을 많이 당하는 것으로 나타났다. 최은주(2009)의 연구에서는 교사와 학생들 간의 관계가 따돌림과 어떤 관계가 있는지 연구했다. 이 연구에서 교사와 학생들 사이에 대화와 교류가 많을수록 학생들 간의 따돌림 현상이 적고 교사와 학생들 사이에 대화와 교류가 적을수록 따돌림 현상이 많은 것으로 나타났다.

집단 따돌림　　따르다　　교류

1. 위 글에 대한 설명으로 맞는 것은 무엇입니까? (　　)

❶ 다른 연구들을 비판하고 있다.
❷ 자신의 실험 결과를 보고하고 있다.
❸ 자신의 과거 연구를 정리하고 있다.
❹ 다른 사람들의 연구를 살펴보고 있다.

2. 논문의 제목으로 맞는 것은 무엇입니까? (　　)

❶ 집단 따돌림 현상에서의 교사의 역할
❷ 학부모의 태도가 학업에 미치는 영향
❸ 부모와 교사 간 교육방법에 대한 인식의 차이
❹ 중학교 교사와 학생 간 관계와 수업 효율성

3. 각 연구의 내용으로 맞는 것을 연결하십시오.

김아영의 연구 •	• 교사 및 부모의 따돌림 현상에 대한 인식
이찬근의 연구 •	• 교사와 학생들 간의 상호작용과 따돌림 현상의 관계
최은주의 연구 •	• 교사와 학생 간의 친밀도와 따돌림 현상의 관계

4. 위 글의 내용과 같으면 ○표, 다르면 ×표 하십시오.

1) 초보 교사보다 경험이 많은 교사가 따돌림 현상을 심각하게 느낀다. (　　)
2) 교사와 친한 학생일수록 따돌림의 대상이 되기도 한다. (　　)
3) 교사와 학생 사이의 대화와 교류가 따돌림 현상에 영향을 준다. (　　)

Ⅲ. 다음을 읽고 질문에 답하십시오.

2008년 9월 1일부터 14일까지 2주 동안 국내 200대 기업의 광고 담당자를 대상으로 설문 조사를 실시하였다. 설문 대상 기업의 선정은 2008년 상반기 매출과 광고비용을 고려해서 이루어졌다. 설문지를 전달하는 방식은 가능하면 직접 방문하거나 방문이 불가능한 경우 이메일을 이용하는 방법을 사용했다.

설문은 국내 광고 모델료와 관련한 의견, 국내 유명인 광고 모델 기용과 그에 따른 부작용에 관한 의견, 유명인 광고 모델과의 계약과 관련한 문제, 유명인 광고 모델 기용 시 발생하는 문제 해결 방안, 향후 유명인 광고 모델 사용에 대한 대안 등이었다. 각 설문은 '정말 그렇다'부터 '전혀 그렇지 않다'까지 5단계로 대답하도록 했다.

본 조사의 응답자는 기업의 광고 담당자 82명이었다. 광고비 규모로는 상위 50대 광고주에 속한 응답자가 43명(52%)으로 가장 많았다.

선정　　상반기　　기용　　부작용　　향후　　대안　　광고주

1. 연구를 위해 어떤 방법을 사용했습니까? (　　)

❶ 담당자에게 설문지를 돌렸다.
❷ 담당자에게 전화로 설문을 했다.
❸ 담당 회사의 보고서를 조사했다.
❹ 담당자들을 직접 만나 인터뷰했다.

2. 포함되지 **않은** 내용은 무엇입니까? (　　)

❶ 설문 대상 선정 방법
❷ 질문 내용
❸ 설문 응답 방식
❹ 설문 대상자의 업무 경력

3. 논문의 제목은 무엇입니까? (　　)

❶ 광고 시장 활성화 방안 연구
❷ 광고 방식의 다양화 방안 연구
❸ 매출과 광고 모델 간 상관관계 연구
❹ 광고 모델 시장 문제와 개선 방안 연구

4. 설문 내용에 해당하는 것에 ○표, 아닌 것에 ×표 하십시오.

1) 국내 광고 모델료가 적절하다고 생각하십니까? (　　)
2) 귀사의 업종에 맞는 모델은 누구라고 생각하십니까? (　　)
3) 유명 모델을 기용하는 것에 부작용이 있다고 생각하십니까? (　　)

Ⅳ. 다음을 읽고 질문에 답하십시오.

노년층이 노년기 교육에 대해 얼마나 필요하다고 느끼는지에 대해 살펴보기 위해 교육 필요성을 1~5까지 점수화했다. 그 결과 평균 점수가 4.15점으로 나타났는데 이는 대다수 응답자가 노년기 교육의 필요성에 대해서 긍정적으로 생각하는 것임을 의미한다. 성별에 따른 교육 필요성의 점수를 보면 남성들보다 여성들이 노년기 교육의 필요성을 더 강하게 느끼는 편이었다. 이러한 결과는 노인 교육의 필요성에 대한 남녀차이를 살펴본 선행 연구들과 같은 결과이다. 한편 조사 대상자들의 학력에 따라서 노년기 교육의 필요성이 다르게 나타났으며 학력 수준이 높을수록 노년기 교육에 대한 필요성의 점수가 높은 편이었다.

선호하는 교육내용 순서를 분석한 결과 노년기 교육내용 중에서 건강관리를 가장 필요한 것이라고 대답했으며 그 다음으로는 취미 및 여가 활동, 행복한 가족관계, 직업 관련 교육, 교양 교육, 음악 및 예술의 이해 교육 순서로 나타났다. 특히 건강관리와 취미 및 여가 활용 교육에 대해서는 과반수가 선호하는 것으로 나타났다.

노년층　　노년기　　긍정적　　선행 연구　　과반수　　선호하다

1. 논문의 어느 부분에 해당합니까? (　　)

❶ 서론　　❷ 연구 방법　　❸ 연구 결과　　❹ 결론

2. 논문의 제목으로 맞는 것은 무엇입니까? (　　)

❶ 노년층의 여가 활동 연구
❷ 노년 인구의 생활 만족도에 대한 조사
❸ 노년층의 사회 교육에 대한 욕구 분석
❹ 노년 인구를 위한 복지 개선 방안 연구

3. 포함되지 **않은** 내용은 무엇입니까? (　　)

❶ 평균 점수
❷ 성별에 따른 점수
❸ 학력 수준에 따른 점수
❹ 재산 정도에 따른 점수

4. 위 글의 내용과 같으면 ○표, 다르면 ×표 하십시오.

1) 학력이 높을수록 노년기 교육의 필요성을 더 많이 느꼈다. (　　)
2) 건강 관련 교육이 필요하다고 느끼는 사람이 가장 많았다. (　　)
3) 남자들이 여자들보다 노년기 교육이 더 필요하다고 느꼈다. (　　)

V. 다음을 읽고 질문에 답하십시오.

지금까지 외국어로서의 한국어 수업에서 학생들이 느끼는 지루함의 원인에 대해서 알아보았다. 지루하게 느끼는 원인을 교사, 수업의 내용과 난이도, 교수법, 동료 학습자와의 관계 등을 중심으로 살펴보았다.

학생들은 학생들과의 상호작용이 적은 교사, 기계적이고 반복적인 연습을 강조하는 교수법을 지루하게 느끼고 있었다는 결과를 통해 학생들이 의미가 있는 상황에서 교사와 상호작용을 통해 배우는 것을 선호한다는 사실을 알 수 있었다. 또한 수업의 내용과 난이도에 대한 분석 결과 학생들에게 너무 어려운 내용도 흥미를 잃게 만들지만 너무 쉬운 내용도 지루하게 느낀다는 사실을 알 수 있었다. 한편 같은 교실에서 수업하는 다른 학습자의 성향이나 그들

난이도　　교수법　　성향

과의 관계가 수업에서 느끼는 지루함의 정도에 꽤 큰 영향을 미친다는 사실이 흥미로웠다.

최근 외국어 교육의 경향은 학습자 중심으로 흐르고 있다는 점을 고려할 때 학습자가 수업 중에 느끼는 정서적 측면에 대한 연구가 더 활발히 이루어져야 한다. 특히 학습자들이 수업에서 느끼는 지루함이나 재미가 학습의 효과를 크게 좌우할 수 있으므로 수업에 대한 계획을 세울 때 이런 점이 충분히 고려되어야 할 것이다.

경향　　정서적　　좌우하다

1. 논문의 어느 부분에 해당합니까? (　　)

❶ 서론　　❷ 연구 방법　　❸ 연구 결과　　❹ 결론

2. 논문의 제목은 무엇입니까? (　　)

❶ 교사 학습자 간 상호작용 연구
❷ 수업의 분위기가 학습에 미치는 영향
❸ 교실에서 느끼는 지루함에 대한 원인 분석
❹ 한국어 수업 내용의 난이도와 학습 효과의 관계

3. 위 글에서 가장 중요한 내용은 무엇입니까? (　　)

❶ 학생들은 반복적인 연습을 지루하게 느낀다.
❷ 지루하게 느끼는 원인이 다양하게 나타났다.
❸ 학습자의 정서적 측면에 대한 연구가 더 필요하다.
❹ 학습자에게 너무 어렵거나 쉬운 내용을 피해야 한다.

4. 위 글의 내용과 같으면 ○표, 다르면 ×표 하십시오.

1) 학생들은 기계적인 연습을 선호하는 편이다.　(　　)
2) 아주 쉬운 내용을 배울 때 흥미를 잃는다.　(　　)
3) 수업 중 학습자의 정서적 측면에 대한 연구가 충분하다.　(　　)

VI. 다음을 읽고 질문에 답하십시오.

참고 문헌

1) 김성엽(2003), "국적에 따른 발음 교육 방안 연구", 「한국어교육」 12, 국제한국어교육학회
2) 최준식(2005), 『종교를 넘어선 종교』, 사계절.
3) Brown, H.D.(1980), *Prinicples of Language Leaning and Teaching*, NJ : Prentice-Hall, 신성철 역(1996), 『외국어 교수 학습의 원리』, 한신문화사.
4) 전영미(2004), "한국어 학습자를 위한 문화 교육 방안 연구", 연세대학교 석사학위 논문.
5) Leech, Geoffrey(1983). *The Principles of Pragmatics*, London : Longman.
6) Remmer, Karen L. (1995). "New Theoretical Perspectives on Democratization", *Comparative Politics 28*, No.1

1. 위의 참고 문헌 중에서 다음에 해당하는 것을 찾아 번호를 써 보십시오.

- 학위논문 (　　)
- 단행본 (　　)
- 번역서 (　　)
- 원서 단행본 (　　)

2. 1)에 대한 설명으로 맞지 **않는** 것은 무엇입니까? (　　)

❶ 저자는 김성엽이다.
❷ 2003년에 논문을 썼다.
❸ '한국어 교육'이라는 책을 썼다.
❹ '국적에 따른 발음 교육 방안'이라는 논문을 썼다.

정리해 봅시다

논문을 구성하는 부분 중에서 어느 것이 가장 중요하다고 생각합니까? 왜 그렇게 생각하는지 이야기해 보십시오.

08 비평문

학습목표 : 비평적인 글을 읽고 이해할 수 있다.

준비해 봅시다

1. 비평문의 특징을 설명한 것에 ✓표 하십시오.

- ☐ 현상을 분석한다.
- ☐ 객관적으로 쓴다.
- ☐ 글쓴이의 감정을 표현한다.
- ☐ 정서가 풍부한 글이다.
- ☐ 줄거리가 있다.
- ☐ 필자의 견해가 나타나야 한다.

2. 관계 있는 것을 연결해 보십시오.

문학비평 •	• 소설 『소나기』를 읽고
연극비평 •	• '아바타'에 나타난 영상미학
문화비평 •	• '한류 현상'의 현재와 미래
영화비평 •	• 『김종욱 찾기』의 무대 효과에 대해

읽어 봅시다

I. 다음을 읽고 질문에 답하십시오.

(가)

어느 문화에서나 음악은 중요하다. 사람들은 노래를 좋아한다. 한국인은 그 점에서 좀 유별나다. 다른 나라들의 경우 어릴 때는 노래를 많이 부르지만 나이가 들면 급격하게 그 빈도가 줄어드는 것이 일반적이다. 그런데 한국에서는 어른이 되어서도 노래를 자주 부른다.

뒤풀이 자리 같은 사석에서 불쑥 노래를 시키기 일쑤이고, 종종 '고성방가'도 서슴지 않는다. 뿐만 아니라 축제에서 공식적인 행사로 노래자랑 대회가 자주 열린다. 텔레비전 방송에서 하는 「전국노래자랑」은 장수 프로그램 가운데 하나인데, 지역 주민들이 자발적으로 모이는 이벤트로 참여율이 대단히 높기 때문이다.

(나)

이런 배경 때문인지 몰라도 한국인들의 노래 실력은 대단히 뛰어나다. 한국에서 비즈니스를 하려는 외국인들을 위한 안내 책자를 보면 한국인들과 어울리려면 사람들 앞에서 노래를 해야 하는 '도전'을 해야 한다고 귀띔해 주고 있다.

1930년 무렵 비싼 유성기를 사 놓고 일본 노래를 따라 부르는 것이 당시 유행이었다고 한다. 가난한 집에서도 삼삼오오 모여 앉아 늦은 밤까지 큰 소리로 노래를 불렀다고 하니, 동네방네의 시끌벅적한 풍경이 짐작이 된다. 한국에서 유성기는 노래방과 비슷하게 사용되었던 것이다. 일본의 가라오케 문화가 들어와서 1991년 부산에서 노래방이 처음 출현하게 되었다. 그 후 전국 곳곳에 노래방이 생기기 시작하였고 사람들은 노래방을 즐겨 찾게 되었다.

(다)

노래방의 매력 포인트는 무엇인가. 그 필수 요건을 세 가지로 정리해 볼 수 있다. 첫째, 방이라는 공간이다. 점원의 안내를 받아 그 안에 들어서는 순간부터 다른 세계에 들어온 듯한 기분이 든다. 노래방 안에서는 아는 사람들끼리만 있기 때문에 다른 사람의 시선을 의식하지 않고 마음껏 놀 수 있다. 직장인들 사이에서는 동료들이 사무실에서 보여주지 않던 모습을 드러내 깜짝 놀라기도 한다. 또 노래방에서는 실수를 해도 이해된다. 둘째로 중요한 것은 음향이다. 아무리 노래방이 분위기 있게 잘 꾸며져 있다 해도 마이크가 없다면 노래할 맛이 나지 않을 것이다. 노래 실력이 다소 서툴다 해도 마이크 소리 때문에 별로 티가 나지 않는다. 세 번째는 영상이다. 아는 사람들끼리이지만 '청중'들에게 눈길을 보내면서 노래하는 것은 왠지 어색하기 때문에, 사람들은 화면 속의 영상을 보면서 노래를 한다.

뒤풀이　　일쑤이다　　고성방가　　도전　　유성기　　시끌벅적하다　　음향　　티가 나다

(라)

노래방의 뿌리는 일본이지만 한국에서 화려하게 꽃피고 있다. 그 안에서 사람들이 노는 방식을 비교해 보는 것도 흥미롭다. 일본의 '가라오케 박스'에서는 노래를 부르고 싶지 않은 사람은 편안하게 구경만 해도 상관이 없다. 그에 비해 한국의 노래방에서는 거의 모두 예외 없이 '무대'에 서야 한다. 그런데 그렇게 주인공으로 세워 놓고도 팬들의 대접은 시원치 않은 경우가 많다. 각자 자기의 노래를 찾느라 부산하기 때문이다. 여기서는 오로지 노래 실력만이 중요하다. '카수'는 환호를 받지만, 음치는 괴롭다.

(마)

노래방은 대체로 어른들의 놀이방이다. 노래방은 식사와 술자리에 이어서 찾아가는 코스이다. 회식 자리에서 노래는 술과 춤을 이어주며 분위기를 즐겁게 만든다. 처음에 노래방은 직장인들의 여가 공간이었으나, 이제는 청소년들도 스트레스를 풀기 위해 즐겨 찾는다. 그러나 노래방을 찾는 손님들의 연령층은 초등학생에서 노인에 이르기까지 점점 다양해지고 있다. 이렇게 노래방은 성, 세대, 지역 그리고 계층의 차이를 아우르는 국민적 오락 공간이 되었다. 요즘 노래방에서는 자신이 노래하는 모습을 동영상으로 찍은 파일을 인터넷에 올릴 수 있게 해 주거나 버튼 하나만 눌러 자신의 메일로 보내 나중에 다시 들을 수 있도록 해준다. 그런 노래방들은 마치 자기 집 안방에서 노래하는 것처럼 편안한 분위기를 갖추고 있다.

(바)

한국 사람들은 왜 노래방을 찾는가. 축제가 사라진 사회에서 살고 있기 때문이다. 노래방은 유쾌한 기분으로 마음 속의 에너지를 마음껏 분출하는 순수한 놀이 공간이다. 소리의 즐거움(音樂)이 있는 노래방에서 우리는 호모루덴스(놀이하는 인간)적 본능에 충실할 수 있다. 매일 밤 사람들은 노래방의 무대에서 열창하면서 힘든 현실을 잊는다. 저마다 자신이 주인공이 되는 더 넓은 세상을 꿈꾸며.

화려하다 부산하다 연령층 분출하다 본능 열창 축제

1. 위 글의 특징으로 맞는 것을 고르십시오. (　　)

❶ 노래방 문화의 문제점을 지적하고 있다.
❷ 노래방 문화에 대한 감상을 이야기 하고 있다.
❸ 노래방을 통해서 한국문화의 특징을 분석하고 있다.
❹ 노래방 문화의 장점과 단점을 객관적으로 설명하고 있다.

2. 각 문단에 맞는 내용을 연결해 보십시오.

(가) •	• 요즘의 노래방
(나) •	• 노래를 좋아하는 한국사람들
(다) •	• 노래방의 역사
(라) •	• 일본의 가라오케와 한국의 노래방 비교
(마) •	• 사람들이 노래방을 찾는 이유
(바) •	• 노래방의 특징

3. 위 글의 내용과 같은 것을 고르십시오. (　　)

❶ 노래방은 전통적인 문화 공간이다.
❷ 노래방에서는 노래를 잘 하는 것이 중요하다.
❸ 한국 사람들은 혼자서 노래 부르는 것을 즐긴다.
❹ 노래방은 어른들과 아이들 모두 이용하는 곳이다.

4. 위 글의 내용과 같으면 ○표, 다르면 ×표 하십시오.

1) 사람들은 노래방에서 노래하면서 현실의 어려움을 잊는다. (　　)
2) 사람들은 노래방에 가서 자신이 부를 노래를 직접 고른다. (　　)
3) 요즘 노래방에서는 노래하는 모습을 동영상으로 찍을 수 있다. (　　)
4) 한국 사람들은 어릴 때 노래를 많이 부르지만 나이가 들면 노래를 부르지 않는다. (　　)

5. (　　　)에 알맞은 단어를 (보기)에서 찾아 쓰십시오.

보기

뒤풀이　　고성방가　　귀띔　　삼삼오오

1) 친구에게 그 이야기를 살짝 (　　　　)해 주었다.
2) 술에 취해서 길에서 (　　　　)하는 사람들을 볼 수 있다.
3) 쉬는 시간에 학생들이 (　　　　) 모여서 이야기를 하고 있다.
4) 학회가 끝난 뒤에 참석자들이 모두 (　　　　) 장소에 가서 저녁 식사를 했다.

6. 다음의 글에 나타난 '노래방'의 역할은 위 글의 어느 부분과 관계가 있습니까? 이야기해 보십시오.

노래방에는 직장 동료들이 어울려 오는 경우가 대단히 많다. 회식 이외에 일상적 놀이 문화를 공유하지 못하는 사람들에게 노래방은 놀이 공간을 제공해 주기 때문이다. 무섭게 보이던 부장님도 부하 직원과 같이 노래를 부르고 즐긴다. 노래방 문화는 사무실의 딱딱한 분위기를 부드럽게 만들어 준다.

Ⅱ. 다음을 읽고 질문에 답하십시오.

(가)

프랑켄슈타인은 역사상 가장 끔찍한 '괴물'의 이름이 아니라 역사상 최초로 '아이를 낳은 남성'이 된 소설 속 인물이다. 프랑켄슈타인 박사는 오랜 연구 끝에 시체를 조립하여 생명체를 만드는 데 성공한다. 완벽한 아기를 꿈꿨던 프랑켄슈타인 박사는 자신이 만든 생명체의 무서운 외모에 놀라 그를 버리고 달아난다.

괴물　　조립　　생명체　　외모

(나)

『프랑켄슈타인』에서 괴물이 혼자서 언어를 배우고 학문과 예술을 배우는 과정은 감동적이다. 그는 '언어'를 배우면 인간과 소통할 수 있다는 희망을 안고 문학과 역사와 철학을 공부하지만 그로 인해 더욱 고독한 상황이 된다. 아무리 많은 지식을 배워도 '인간다운' 외모를 가질 수는 없기 때문이다. 그는 인간을 닮고 싶지만 인간이 될 수 없다는 사실에 절망한다. 동화 속 피노키오처럼, 영화의 인공지능 로봇 소년처럼, 영화 「아일랜드」의 복제 인간들처럼, 괴물의 소원은 한 가지였다. "내가 원하는 것이 있습니다. 친구이자, 동료예요, 바로 여자예요." 그의 이야기를 들어주고 그를 사랑스럽게 바라봐 줄, 단 한 명의 타인이 있다면, 그의 분노는 사랑으로 변하지 않았을까.

(다)

괴물은 프랑켄슈타인 박사에게 소원을 말한다. 자신과 똑같이 생긴 '여자-괴물'을 만들어 달라고. 프랑켄슈타인 박사는 괴물의 짝을 만들었으나, 괴물들의 천국이 될 미래를 상상하고는, '괴물의 짝'을 찢어 버린다. 유일한 희망이 눈앞에서 사라지는 순간, 그의 인내심이 바닥나고 그의 내면까지 정말로 '괴물'이 되어 버린다.

(라)

이 이야기를 괴물의 입장에서 본다면 어떨까. 프랑켄슈타인 박사는 괴물의 '외모'가 무섭다는 이유만으로 태어나자마자 그를 버린다. 태어나자마자 외모 때문에 '아버지'에게 버려지고, 사랑이나 우정은 물론 아무런 교육도 받을 수 없었던 괴물. 괴물은 소설 속에서 한 번도 자기의 '이름'으로 불려본 적이 없다. 그는 '그것'이나 '악마' 등으로 불린다. 괴물이 나쁜 짓을 하게 된 것은 아무도 그의 고백을 들어주지 않았기 때문이다. 괴물과 마주친 사람들은 그를 보자마자 도망치거나 공격한다. 괴물의 겉모습을 볼 수 없었던 눈먼 노인만이 그의 대화 상대가 되어준다. 프랑켄슈타인 박사는 과학의 힘으로 괴물의 외형을 창조했을 뿐 괴물의 내면을 창조하지 않았다. 누군가 그에게 '이름'을 지어 주었다면, 괴물은 어떻게 되었을까. 괴물에게 이름을 불러 주고 그와 이야기를 나눠 주었다면, 괴물은 끝까지 괴물이었을까.

(마)

메리 셸리의 소설 『프랑켄슈타인』은 수많은 공포영화와 에스에프영화로 다시 만들어졌다. 『프랑켄슈타인』이 다양하게 리메이크되면서 괴물의 폭력성은 심해졌고 괴물에 대한 인간의 공포는 더 커졌다. 그래서 오늘날 프랑켄슈타인은 인류가 만들어낸 문명의 디스토피아를 상

고독하다　　인공지능　　타인　　천국　　리메이크　　디스토피아

08 비평문

징하는 존재가 되었다. '프랑켄푸드' 즉 프랑켄슈타인 식품은 유전자 변형식품을 가리키는 별명이 되었고, 복제인간의 위험을 경고하는 상징이 되었다. 그러나 이렇게 괴물을 무서워하면서, 괴물이 태어나지 않도록 노력하는 것이 옳은 것일까. 우리는 '우리가 무엇을 괴물이라 부르는가'에 대해 생각해야 한다. 무언가를 '비정상'이라 진단하고, '표준'에 맞지 않는 모든 존재를 '괴물' 취급하는 것은 옳은 일인가. 우리는 혹시 우리와 모르는 사람들을 '괴물'이라 부르는 것이 아닐까.

복제인간 경고 비정상 표준 취급하다

1. 위 글의 특징으로 맞는 것을 고르십시오. ( )

❶ 소설을 읽은 후의 감상을 서술하고 있다.
❷ 과학 기술의 발전에 대해서 비판하고 있다.
❸ 소설과 영화의 차이점에 대해서 설명하고 있다.
❹ 문학 작품을 통해서 현대 사회의 문제를 비평하고 있다.

2. 위 글을 내용에 따라 두 개의 문단으로 맞게 나눈 것을 고르십시오. ( )

❶ (가) / (나)~(마)
❷ (가)~(나) / (다)~(마)
❸ (가)~(다) / (라)~(마)
❹ (가)~(라) / (마)

3. 위 글을 쓴 필자의 입장은 무엇입니까? ( )

❶ 인간 복제를 하는 것은 위험하다.
❷ 우리와 다른 사람을 차별해서는 안 된다.
❸ 과학 기술의 발달은 괴물을 만들어 낸다.
❹ 인간은 과학 기술을 이용하여 새로운 것을 창조할 수 있다.

4. 위 글의 내용과 같으면 ○표, 다르면 ×표 하십시오.

1) 소설 속의 괴물이 영화 속의 괴물보다 더 폭력적으로 그려졌다. ( )
2) 소설 속에서 괴물은 혼자서 언어를 배우고 예술을 알게 되었다. ( )
3) 사람들은 표준에 맞지 않는 사람들을 괴물이라고 생각하는 경향이 있다. ( )
4) 프랑켄슈타인은 현대 문명의 공포를 상징하는 존재가 되었다. ( )

5. ( )에 알맞은 단어를 보기에서 찾아 쓰십시오.

보기

천국 정상 내면 희망

1) 절망 – ( ) 2) 외형 – ( )
3) 괴물 – ( ) 4) 디스토피아 – ( )

6. '프랑켄푸드'의 의미를 생각해 보고, 이 단어에 나타난 사람들의 생각을 이야기해 보십시오.

정리해 봅시다

두 비평문의 공통점과 차이점을 이야기해 보십시오.

09 기사

학습목표 : 기사 글의 특성을 이해하고 내용을 파악할 수 있다.

준비해 봅시다

연세일보

40대 마약 밀매범 검거

서울경찰청 마약수사대는 히로뽕 등을 유흥업소 종업원들에게 공급한 혐의로 김모(45)씨를 구속했다고 4일 밝혔다.

경찰에 따르면 추씨는 지난 한달 간 서울 강남에서 유흥업소 남녀 종업원들을 상대로 히로뽕, 대마, 엑스터시 등을 공급한 혐의를 받고 있다.

조사결과 김씨는 유흥비를 마련하기 위해 부산에서 히로뽕을 사 서울의 유흥가에서 유통시킨 것으로 드러났다.

¤신문 기사는 정확한 전달이 중요하므로 보통 육하원칙을 지킨다.

1. 위의 기사를 읽고 다음을 채워 보십시오.

- **언제** 지난 한달 간
- **어디에서** ______
- **무엇을** ______
- **어떻게** 공급했다
- **누가** ______
- **왜** ______

¤신문의 지면은 다음과 같이 나뉘어 관련 기사가 실린다.

정치면	경제면	사회면	국제면	문화면

2. 다음은 기사의 제목입니다. 어느 면에 실린 기사인지 위에서 찾아 쓰십시오.

- 노래와 춤과 시… 한 무대에 섞이면 어떨까 (　　　　)면
- 종합주가지수 2000 돌파 (　　　　)면
- 후임 외교장관 누가 될까 (　　　　)면
- 영국 경찰서에서 경찰관이 민간인 폭행 '충격' (　　　　)면
- 고시원 화재, 자살 시도한 남성이 불 질러 (　　　　)면

읽어 봅시다

I. 다음을 읽고 질문에 답하십시오.

연세일보

대구 폭염주의보

기상대는 27일 오전 4시 경북 대구에 폭염주의보를 내렸다.

폭염주의보는 하루 최고 기온이 33도 이상인 상태가 이틀 이상 지속될 것으로 예상될 때 내려진다.

이에 따라 경북도내에서 폭염주의보가 내려진 지역은 영덕, 포항, 경주를 포함해 모두 4개 시,군으로 늘었다.

기상대는 "폭염주의보가 내려진 지역에서는 가급적 야외 활동을 피하고 실내에서는 바람이 잘 통하도록 환기를 자주 해 주는 것이 좋다"고 밝혔다.

폭염주의보　　지속되다　　가급적　　환기

09 기사

1. 무엇에 대한 기사입니까? (　　)

❶ 사건　　❷ 사고　　❸ 날씨　　❹ 건강

2. 다음 표를 채우십시오.

● 누가	
● 언제	27일 오전 4시에
● 무엇을	
● 어떻게	경북 지역에 내렸다.

3. 위 글의 내용과 같으면 ○표, 다르면 ×표 하십시오.

1) 이 기사는 장마철 대비를 위한 기사이다. (　　)
2) 전국 4개 시,군에 폭염주의보가 내려졌다. (　　)
3) 폭염주의보가 내려지면 창문을 자주 열어야 한다. (　　)

II. 다음을 읽고 질문에 답하십시오.

연세일보

상습 빈집털이 30대 검거

서울 은평경찰서는 26일 빈집에 들어가 상습적으로 물건을 훔친 황모(35)씨를 구속했다.

경찰에 따르면 황씨는 지난 4월 14일 은평구 가좌동 이모(27)씨의 집에 침입해 양주, 컴퓨터를 훔치는 등 지난해 10월부터 최근까지 50차례에 걸쳐 3천8백만원 상당의 금품을 훔친 혐의를 받고 있다.

전과 5범인 황씨는 지난해 8월 교도소에서 나온 후 생활비를 마련하기 위해 이 같은 범행을 저지른 것으로 조사됐다.

황씨는 집 앞에 걸린 문패의 이름을 보고 114에 전화를 걸어 번호를 알아낸 뒤 집에 전화를 걸어 빈집임을 확인하고 침입해 물건을 훔친 것으로 드러났다.

상습적　빈집털이　훔치다　구속하다　침입하다　금품　혐의
전과　문패

1. 무엇에 대한 기사입니까? (　　)

❶ 절도 사건　❷ 방화 사건　❸ 살인 사건　❹ 폭행 사건

2. 다음 표를 채우십시오.

- **누가** 황씨가
- **언제** 4월 14일
- **어디서** 은평구 가좌동 이모씨 집에서
- **무엇을**
- **어떻게**
- **왜**

3. 황씨에 대한 설명으로 맞지 **않는** 무엇입니까? (　　)

❶ 빈집만 골라서 훔쳤다.
❷ 전에 교도소에 들어간 적이 있다.
❸ 생활비가 없어서 범행을 저질렀다.
❹ 114에 걸어 사람이 없는지 물어봤다.

Ⅲ. 다음을 읽고 질문에 답하십시오.

연세일보

(　　　　　　　　　　　　)

사상 최대의 매출을 기록하고 있는 국내 항공사들이 경쟁적으로 항공료를 큰 폭으로 인상하고 있다.

현대항공은 연중 최고의 성수기인 다음 달 1일부터 일부 국제선 항공료를 최대 10%까지 올리기로 했다. 코리아항공도 8월부터 미주와 유럽, 대양주 일부 노선의 항공료를 최고 12.9% 올리기로 했다.

현대항공은 올 2분기 매출액과 영업이익이 각

사상　매출　인상하다　성수기

09 기사

각 2조8천여억원과 3천5백여억원으로 사상 최고치를 기록할 것이라는 전망이 나오고 있으며 코리아항공도 2분기 매출액 1조2천4백억원, 영업이익 1천 8백억원으로 영업을 시작한 이후 최대 실적을 보였다.

그러나 항공사들은 최근 항공료 인상률이 물가상승에 못 미쳤고 새 항공기 도입 등으로 항공료 인상이 불가피하다고 밝혔지만, 소비자들은 이들 항공사들이 소비자를 전혀 생각하지 않고 욕심을 부리고 있다고 지적했다.

전망 실적 도입 불가피하다 지적

1. 적당한 제목은 무엇입니까? ( )

❶ 항공사 요금 인상
❷ 항공사 매출 증가
❸ 소비자 항공사 비판
❹ 국제선 항공료 인하

2. 다음 표를 채우십시오.

- **누가** ______
- **언제** 다음 달부터
- **무엇을** ______
- **어떻게** 올리기로 했다.
- **왜** ______

3. 위 글의 내용과 같으면 ○표, 다르면 ×표 하십시오

1) 항공사의 매출이 최고 수준을 기록했다. ( )
2) 소비자들은 항공료 인상의 이유를 일부 이해한다. ( )
3) 항공사는 1년 중 가장 손님이 많은 때에 요금을 올리려고 한다. ( )

Ⅳ. 다음을 읽고 질문에 답하십시오.

연세일보

이동 통신사 고객정보 인터넷 유출

서울경찰청 사이버수사대는 유명 이동통신업체의 고객 정보를 조회할 수 있는 인터넷 사이트를 운영해 온 혐의로 강모(29)씨를 구속했다고 22일 밝혔다.

경찰에 따르면 강씨는 지난달 21~25일 AB텔레콤의 고객의 아이디와 비밀번호, 서버 주소를 알아낸 뒤 가입자 정보를 조회할 수 있는 사이트를 만들어 고객 정보를 유출한 혐의를 받고 있다.

컴퓨터 전문가인 강씨는 휴대전화 번호를 입력하면 가입자의 주민등록 번호 등 개인정보를 조회할 수 있는 웹페이지를 직접 제작했다.

이 사이트를 통해 주민등록번호와 휴대전화 가입 날짜, 휴대전화 기종 등 지금까지 370여명의 개인 정보가 유출된 것으로 확인됐다.

유출　　조회하다　　가입자　　제작하다　　기종

1. 무엇에 대한 이야기입니까? (　　)

❶ 이동통신업체의 약점　　❷ 고객 정보 유출

❸ 컴퓨터 기술의 발달　　❹ 다양한 인터넷 사이트

2. 다음 표를 채우십시오.

- 누가 ______
- 언제 ______
- 어디서 인터넷 상에서
- 무엇을 AB텔레콤 고객 정보를
- 어떻게 ______

3. 위 글의 내용과 같으면 ○표, 다르면 ×표 하십시오.

1) 강 씨는 이동통신사 직원이다. ( )

2) 개인 정보를 알려면 전화번호를 입력하면 된다. ( )

3) 강 씨는 웹페이지 제작을 전문가에게 부탁했다. ( )

V. 다음을 읽고 질문에 답하십시오.

연세일보

여름철 반드시 지켜야 할 소개팅 매너

여름철 소개팅 '짜증나는 매너'로 남성은 '여성의 예의 없는 말투'를, 여성은 '지각하는 남자'를 꼽았다.

결혼정보회사 수연은 최근 미혼 남녀 700명을 대상으로 '여름철 소개팅 매너'에 대해 설문 조사를 한 결과 이같이 조사됐다고 27일 밝혔다.

남성은 소개팅 상대 여성의 무례한 말투(41%)와 함께 지각(35%), 과도한 노출의 옷차림(12%)에 기분이 상한다고 답했다. 여성은 남성의 지각(34%)과 함께 심한 땀 냄새(24%), 무례한 말투(21%)에 부정적인 반응을 보였다.

여름철 소개팅 복장에도 지켜야 할 예의가 있다. 남성은 여성의 진한 화장(28.5%)과 함께 비치는 옷(13%), 너무 짧은 치마(12.5%)를 보기에 안 좋은 복장이라고 대답했다. 여성은 소개팅 남성이 발가락이 보이는 샌들(27%), 민소매 옷(18.5%), 액세서리(14.5%)를 하고 나왔을 때 마음에 들지 않는다고 대답했다.

여름철에 데이트하기에 좋은 장소로는 남녀 절반 이상이 에어컨 시설이 잘 되어 있고 영화관, 쇼핑몰, 식당 등이 있는 복합 문화 공간을 최고로 꼽았다. 이어 시원하고 분위기 좋은 카페(28.5%), 공원(11%) 등도 추천 데이트 장소로 꼽혔다.

소개팅 매너 말투 무례하다 과도하다 노출 민소매

1. 어떤 기사입니까? ( )

❶ 사고를 소개하는 기사

❷ 유명인을 인터뷰한 기사

❸ 설문 조사 결과를 소개하는 기사

❹ 전문가가 전문 분야를 설명하는 기사

2. 무엇에 대한 기사입니까? (　　)

❶ 결혼정보회사의 활동
❷ 이상적인 소개팅 장소
❸ 여름철에 어울리는 패션
❹ 여름철 짜증나는 소개팅 매너

3. 위 글의 내용과 같으면 ㅇ표, 다르면 ×표 하십시오.

1) 남자들은 여성의 무례한 말투를 가장 싫어했다. (　　)
2) 결혼한 사람도 조사 대상에 포함되었다. (　　)
3) 여자들은 남자가 소개팅 장소에 늦게 나오는 것을 가장 싫어했다. (　　)

Ⅵ. 다음을 읽고 질문에 답하십시오.

연세일보

권영수 "대화 통한 北 핵포기 가능성 희박"

한국과 미국, 중국 등이 6자 회담을 통한 북한의 핵포기를 유도하려는 가운데 권영수 경기지사가 북한의 6자 회담을 통한 핵포기 가능성에 대해 회의적인 반응을 보였다.

권 지사는 12일 오전 한 라디오 방송 프로그램 전화 인터뷰를 통해 "나는 기본적으로 북이 쉽게 핵을 포기하지 않을 것으로 보고 있다"고 말했다. 이어 "북한이 6자 회담 등의 대화를 통해 핵을 포기할 가능성은 현실적으로 아주 낮다고 보고 있다"고 말했다.

권 지사의 이같은 발언은 인도적 대북 식량 지원과 관련한 질문 중에 나왔다. 그는 "북한 주민도 우리 국민"이라며 "인도적 지원은 당연하며, 수해를 입어 어려움을 겪고 있는 북한 주민에게 우리에게 남아도는 식량을 보내주는 것은 이상할 것이 없다고 보고 있다"고 밝혔다. 권 지사는 그동안 민간단체를 통해 몇 차례 이루어진 인도적 차원의 대북 식량 지원에 적극적인 자세를 보여 왔다.

그러나 권 지사는 북한의 3대 세습을 반대하고, 북한 주민의 인권이 보장되어야 한다는 점을 분명히 했다.

희박　경기지사　6자 회담　회의적　발언　인도적　대북
수해를 입다　세습

1. 신문의 어느 면에 난 기사입니까? (　　)

❶ 정치면　❷ 경제면　❸ 사회면　❹ 문화면

2. 무엇에 대한 기사입니까? (　　)

❶ 경기지사의 대북 지원과 북한 핵 포기 가능성에 대한 의견
❷ 6자 회담과 북한의 정치 변화에 대한 전문가의 의견
❸ 북한 세습제에 대한 국내 정치인의 의견
❹ 북한 주민의 인권에 대한 국민의 의견

3. 위 글의 내용과 같으면 ○표, 다르면 ×표 하십시오.

1) 6자 회담에서는 북한의 핵무기에 대해 논의한다. (　　)
2) 권 지사는 라디오 프로그램에 직접 출연했다. (　　)
3) 한국의 대북 쌀 지원은 이번이 처음이다. (　　)

Ⅶ. 다음을 읽고 질문에 답하십시오.

연세일보

(　　　　　　　　　　　　　　　　　　　　　　　　)

최근 금융사들이 사회공헌활동에 눈을 돌리고 있다. 주요 금융사들이 일회성으로 그치지 않고 계속 사회공헌활동을 할 수 있는 사업모델을 찾기 위해 고민하기 시작한 것이다.

한신금융은 올해 순이익이 최고 수준에 이르면서 일부 수익을 사회에 환원하기 위한 아이디어를 찾고 있다. 이 회사 관계자는 "올해 말까지 새로운 차원의 사회공헌활동 사업 모델을 개발할 것"이라며 "올해 초 이 사업을 위한 팀을 만들었다"고 소개했다. 이 회사의 새 사회공헌사업은 금융 서비스 기관의 특성을 살린 특별한 모델이 될 것으로 전해졌다.

대한카드는 서민의 창업을 돕는 '꿈이루미팀'을 만들어 저신용자의 생활을 처음부터 끝까지 돕기로 했다. 꿈이루미팀은 디자인·마케팅·회계·광고 등 각 분야의 전문 인력으로 구성되었으며 대출을 신청한 저신용자들에게 대출은 물론 다양한 상담 서비스를 제공한다. 이 회사의 한 관계자는 "소액 대출을 받더라도 그 금액만으로는 사업을 하기 힘들고 저신용자 대부분이 영업에 대한 지식이 부족해 이들을 돕기로 했다"고 설명했다.

이미 사회공헌사업에 성공한 금융사들도 있다. 특히 누리금융은 노인들을 위한 건강 센터는 물론이고 누리 고등학교를 세워 젊은 인재 교육에 나서고 있다. 또한 신성카드는 어린이와 청소년에 대한 사회공헌활동으로 눈길을 끈다. 이 회사의

금융사　사회공헌활동　일회성　환원　창업　저신용자　소액대출　인재

한 관계자는 "금융사로서의 장점을 살려 청소년 경제 교육을 늘리고 난치병 어린이 돕기 등에 힘을 쓰고 있다"며 "앞으로 관련 예산과 사업의 종류을 계속 늘리겠다"고 말했다.

난치병

1. 제목으로 적당한 것은 무엇입니까? (　　)

❶ 국민들 기부 문화 확산
❷ 정부 국민복지사업 확대
❸ 여전히 높은 은행 문턱
❹ 금융권 다양한 사회공헌활동

2. 중심 내용은 무엇입니까? (　　)

❶ 정부의 지시로 금융사들의 기부 금액이 늘었다.
❷ 저소득, 저신용자들이 살아갈 수 있는 방법이 늘고 있다.
❸ 생활이 힘든 국민들에게 교육과 컨설팅이 제공되고 있다.
❹ 은행, 신용카드사 등이 지속적 사회공헌 모델을 찾고 있다.

3. 위 글의 내용과 같으면 ○표, 다르면 ×표 하십시오.

1) 전문 팀을 만든다. (　　)
2) 저신용자에게 대출을 해 준다. (　　)
3) 가난한 청소년들에게 학비를 지원한다. (　　)

정리해 봅시다

읽은 기사 중에서 기사의 특성이 가장 잘 나타난 것과 그렇지 **않은** 것을 골라 보고 이유를 말해 보십시오.

10 연설문

학습목표 : 연설문을 읽고 연설자가 주장하는 것을 이해할 수 있다.

준비해 봅시다

1. (　　　) 안의 말 중에서 맞는 것을 골라 보십시오.

- 연설문은 연설자가 (청중, 발표자)에게 자신의 (느낌, 의견)을 (주장하, 비판하)는 것을 목적으로 쓴 글이다.

2. 다음 중에서 연설문을 읽을 때 주의해야 할 것을 골라 ✓표 하십시오.

- ☐ 연설의 목적 파악하기
- ☐ 연설 날짜 찾기
- ☐ 연설 대상자 찾기
- ☐ 연설자의 주장 찾기
- ☐ 객관적 정보 찾기
- ☐ 인물의 성격 파악하기

읽어 봅시다

I. 다음을 읽고 질문에 답하십시오.

어려운 경쟁을 뚫고 우리 회사에 입사하여 사회생활을 시작하게 된 여러분들에게 축하의 말씀을 드립니다. 혹시 여러분들 중에서 이런 날이 오게 된 것에 대해 '나는 운이 참 좋았어'라고 생각하시는 분이 있을지 모르겠습니다. 그렇습니다. 우리는 우리가 가지게 된 것에 대해 '운' 덕분이라고 말하곤 합니다. 반대로 우리가 갖지 못하게 된 것에 대해서도 '운' 때문이라고 생각하기도 합니다. 오늘은 여러분에게 이 '운'에 대해서 얘기하려고 합니다.

친구들과 인생에 대해 이런저런 고민을 이야기하다 보면 '인생은 역시 로또'라는 결론으로 말을 마칠 때가 있습니다. 실제로 로또의 번호를 고르는 순간이면 사람들은 누구나 '나에게도 분명 행운이 올 것'이라고 굳게 믿습니다. 그리고 떨어지면 운이 없었다는 한 마디 말로 스스로를 위로하며 아무 일이 없었던 것처럼 지나치고 맙니다. 그런데 이 '운이 없었어'라는 말처

경쟁을 뚫다　　로또　　굳게

럼 우리를 마음 편하게 해주는 말도 없을 것입니다. 운이라는 것은 우리 인간의 능력으로 통제할 수 없는 것이라고 믿기 때문에 살아가면서 부딪치는 어떤 나쁜 결과도 자신의 책임이라고 하기보다 그저 운이 없어서 그런 것이라고 생각해 버리면 일단 마음이 편해지니까요. 하지만 저는 이 '운이 없었어'라는 말처럼 우리를 화나게 하는 말도 없다고 생각합니다. 아무리 노력하고 최선을 다해도 우리가 통제할 수 없는 그 '운'이라는 게 없어서 원하는 것을 이룰 수 없다면 얼마나 속상한 일인가요?

그러나 저는 살면서 이 운이라는 것에 대해 다르게 생각하게 되었습니다. 저는 대학 시절 디자인 공모전에서 몇 번 우승을 해서 외국여행을 가기도 하고 큰 상금을 타기도 했습니다. 친구들은 저에게 어떻게 하면 공모전에서 수상할 수 있는지를 묻곤 했습니다. 그럴 때마다 저는 우선 '운이 좋았다'고 대답합니다. 이것은 묻는 사람에 대한 배려와 겸손을 잃지 않으려는 표현이기도 하지만 사실 솔직한 제 마음의 표현이기도 했습니다. 맞습니다. 저는 운이 좋았습니다. 다른 사람들이 쉽게 갖기 어려운 기회를 많이 가질 수 있었으니까요. 하지만 잘 생각해 보면 이런 기회는 하늘에서 저절로 떨어진 것이 아닙니다. 저는 늘 준비하고 있었기 때문입니다. 제가 공모전에서 여러 번 상을 받을 수 있었던 것은 평소 머릿속에 떠오른 아이디어를 열심히 메모하고 친구들과 그것에 대해 열심히 토론하면서 앞으로 있을 공모전을 착실히 준비한 결과물이었습니다.

행운이라는 것은 우연히 하늘에서 뚝 떨어지는 것이 아니라 자신의 꿈을 위해 하나씩 준비해 온 사람들에게 주어지는 값진 선물 같은 것이라고 생각합니다. 저는 지금도 저에게 올지도 모르는 미래의 기회를 위해 열심히 준비하고 있습니다. 기회란 준비된 자에게 온다는 말을 굳게 믿으면서 말입니다. 여러분도 좋은 기회를 갖는 주위 사람들을 부러운 눈으로 보지만 말고 다음 기회를 위해 준비를 시작해 보면 어떨까요? 그렇다면 다음번에는 바로 그 '운'이 여러분 옆에 와 있을지도 모릅니다.

통제하다　　속상하다　　공모전　　수상하다　　배려　　겸손　　착실히

1. 이 연설은 누구에게 하는 것입니까? (　　)

❶ 대학 신입생　　❷ 대학 졸업생　　❸ 신입 사원　　❹ 일반인

2. 각 문단의 내용을 정리하여 다음 표에 채워 넣으십시오.

인사말		• ________을/를 축하하고 있다.
		• ________에 대해서 말하려고 한다.
본론	운에 대한 일반적인 생각	운은 인간이 통제할 수 없는 것이다. 모든 일은 운 때문이고 내 책임이 아니다.
	운에 대한 연설자의 생각	
마무리		• 행운은 ________
		• 다음 기회를 위해 ________

3. 이 연설자의 주장은 무엇입니까? (　　)

❶ 약속을 잘 지켜라.
❷ 매사에 계획을 세워라.
❸ 미래를 위해 준비해라.
❹ 어려운 일에 도전해라.

4. 위 글의 내용과 같은 것을 고르십시오. (　　)

❶ 모든 일의 결과는 운에 의해서 결정된다.
❷ 이 사람은 자기가 운이 없었다고 생각한다.
❸ 행운은 꿈을 가지고 있는 사람에게 더 자주 찾아온다.
❹ 이 사람이 공모전에서 우승한 것은 준비를 하고 있었기 때문이다.

5. 다음 어휘를 맞게 설명한 것을 찾아 연결하십시오.

1) 배려 •	• 사람에게 생기는 좋은 운수
2) 우연 •	• 관심을 가지고 마음을 써 줌
3) 겸손 •	• 다른 사람을 높이고 자신을 낮춤
4) 행운 •	• 아무런 이유 없이 뜻하지 않게 일어난 일

6. 여러분은 준비를 하고 있었기 때문에 잡을 수 있었던 기회가 있었습니까?

Ⅱ. 다음을 읽고 질문에 답하십시오.

오늘 세계 최고 대학 중 한 곳의 졸업식에 참석하게 되어 영광입니다. 저는 대학을 졸업한 적이 없지만 여러분에게 도움이 될 만한 제 인생의 몇 가지 이야기를 들려 드리려고 이 자리에 왔습니다.

첫 번째 얘기는 점을 잇는 것에 대한 얘깁니다. 예전에 저는 모두들 명문 대학이라고 하는 대학에 비싼 등록금을 내고 입학했습니다. 그러나 그 학교를 다닌 지 6개월 후 저는 그 학교에 대해 그럴 만한 가치를 느끼지 못하게 되었습니다. 저는 제 인생에서 무엇을 하고 싶은지 몰랐고 대학이 그 길을 찾는 데 별로 도움이 안 될 것이라고 생각했습니다. 그래서 저는 학교를 그만뒀고 그래도 괜찮을 거라 믿었습니다. 당시엔 좀 무서웠습니다. 그러나 되돌아보면 대학을 그만둔 것은 내가 평생 잘 했던 결정 가운데 하나였습니다. 학교를 그만두고 여유 시간이 생긴 저는 재미있어 보이는 과목들을 청강했습니다. 그리고 그때 호기심과 직관을 따라 행동했던 경험들은 나중에 값을 매길 수 없을 만큼 귀중한 재산이 됐습니다.

한 가지 예를 들어보죠. 당시 그 대학은 미국에서 가장 뛰어난 서예 교육을 하고 있었습니다. 저는 서예 과목을 청강했고 그 수업에서 여러 가지 다양한 글씨체와 서로 다른 글씨체들 간의 공간을 다양화하는 방법을 배웠습니다. 이것이 실제로 어떻게 적용될 수 있을지 그때는 몰랐습니다. 그러나 10년 후 제가 첫 매킨토시 컴퓨터를 디자인할 때 이 경험들이 많은 도움을 주었습니다. 저는 제 컴퓨터 안에 이 모든 것을 적용했고 아름다운 글씨체를 가진 첫 컴퓨터를 만들게 되었습니다. 제 과거의 경험은 이렇게 미래의 일에 저도 모르는 사이에 연결된 것입니다. 물론 제가 대학생일 때 앞을 미리 내다보며 이런 경험들을 미래의 점으로 이을 수는 없었습니다. 그러나 10년 후에 되돌아보니 아주 뚜렷하게 점들이 이어진 것을 볼 수 있었습니다. 다시 한 번 말하지만, 미래를 내다보며 점들을 이을 수는 없습니다. 오직 뒤를 보며 점들을 이을 수 있을 뿐이죠. 그러므로 여러분들은 그 점들이 언젠가 미래에 어떤 식으로든 이어질 것이라고 믿어야 합니다.

두 번째 이야기는 일에 대한 사랑에 관한 것입니다. 인생에서 사랑할 일을 일찍 찾은 것은 저에게 행운이었습니다. 저는 스무 살 때 일을 시작했습니다. 그러나 10년 후 저는 저의 모든

점을 잇다　　청강　　직관　　값을 매기다　　서예　　적용되다　　뚜렷하게　　오직

10 연설문

것을 바친 회사에서 해고를 당했습니다. 그 뒤로 몇 달간 저는 뭘 해야 될지 몰랐습니다. 그러나 결국 제가 해왔던 일을 아직도 사랑하고 있다는 것을 깨달았습니다. 그래서 저는 다시 시작하기로 했습니다. 그땐 몰랐지만 그때 해고된 것은 지금껏 제게 일어난 일 중에서 최고의 일이었습니다. 저는 성공하겠다는 무거운 마음이 아니라 다시 시작한다는 가벼움으로 일을 다시 시작했습니다. 그것은 저를 인생 최고의 창조적인 시기로 이끌었습니다. 지금 생각해 보면 그때 저를 앞으로 나아가게 한 유일한 힘은 제 일을 진심으로 사랑했다는 것이라고 확신합니다.

세 번째 이야기는 죽음에 관한 겁니다. 열일곱 살 때 저는 다음과 같은 인용문을 읽었습니다. "만약 당신이 하루하루를 마지막 날처럼 산다면, 당신의 인생은 분명히 후회 없는 인생이 될 것이다." 매우 인상적인 말이었고 그때부터 저는 매일 아침 거울을 보며 제 자신에게 "만약 오늘이 내가 죽기 전날이라 해도 나는 오늘 내가 하려고 했던 일을 할까?"하고 물었습니다. 그리고 이 질문은 1년 전쯤 암 진단을 받고 나서 더욱 절실하게 와 닿았습니다. 의사들은 제가 6개월을 못 넘길 거라고 말했습니다. 그리고 집에 가서 주변을 정리하라고 했습니다. 그건 죽을 준비를 하라는 뜻이었습니다. 그러나 정밀검사 결과 제가 걸린 암은 수술하면 치료가 가능한 것이었습니다. 그 후 저는 수술을 받았고 이제는 괜찮습니다. 저는 이렇게 죽음에 대한 일을 직접 겪어 봤기 때문에 죽음에 대해 확실하게 말해 드릴 수 있습니다. 자기가 곧 죽을 것이라고 생각하는 것은 제가 큰 결정을 내려야 했을 때 가장 중요한 판단 기준이 되었습니다. 다른 사람의 기대, 나의 자존심, 공포와 실패, 이런 것들은 죽음 앞에서는 아무 것도 아니었습니다.

시간은 제한되어 있습니다. 그러니 남의 인생을 사느라고 삶을 낭비하지 마십시오. 다른 사람들이 생각해 낸 결과에 얽매이지 마십시오. 그리고 가장 중요한 것은 자신의 마음속에서 말하는 것을 따르는 용기를 가지라는 것입니다. 여러분 자신은 자기가 진실로 무엇이 되고 싶은지를 이미 알고 있습니다. 자신을 믿고 따르며 앞으로 나아가십시오.

창조적　　이끌다　　인용문　　절실하다　　와 닿다　　얽매이다

1. 이 연설은 누구에게 하는 것입니까? (　　)

❶ 대학 신입생　　❷ 대학 재학생　　❸ 대학 졸업생　　❹ 대학 직원

2. 각 문단의 내용을 정리하여 다음 표에 채워 넣으십시오.

인사말		• ______________을/를 축하하고 있다.
		• ______________에 대해서 말하려고 한다.
본론	1. 점을 잇는 것	
	2. 일에 대한 사랑	
	3. 죽음에 대한 것	
마무리		• 시간은 제한되어 있다. 그러니까______________
		• 가장 중요한 것은 ______________

3. 이 연설문에 대해서 맞게 이야기한 것을 고르십시오. (　　)

❶ 보람있는 대학 생활을 하기 위한 방법을 얘기하고 있다.
❷ 과거와 현재의 삶을 연결하는 방법에 대해 설명하고 있다.
❸ 앞으로 인생을 어떻게 살아야 할지에 대해 얘기하고 있다.
❹ 성공적인 사회 생활을 위해 지켜야 할 것에 대해 얘기하고 있다.

4. 위 글의 내용과 같은 것을 고르십시오. (　　)

❶ 이 사람의 직업은 대학교 교수이다.
❷ 이 사람이 대학을 그만 둔 이유는 성적 때문이다.
❸ 이 사람은 미래의 직업을 위해 대학에서 청강을 했다.
❹ 이 사람은 해고됐던 경험을 긍정적으로 생각하고 있다.

5. '점을 잇는다'는 말을 잘 설명한 것을 고르십시오. (　　)

❶ 과거에 했던 일은 반드시 미래의 일과 연결된다.
❷ 현재는 과거와 미래를 이어주기 때문에 중요하다.
❸ 과거의 경험이 현재의 일과 연결되어 도움이 될 수 있다.
❹ 현재의 일을 잘 하기 위해서는 과거의 경험을 잘 살펴봐야 한다.

6. 이 연설문의 내용 중에서 여러분이 가장 동의하는 것은 무엇입니까?

정리해 봅시다

두 연설문을 읽고 대상, 목적에 대해 비교해 보십시오.

부록

:: 모범 답안

:: 색인

:: 출전

모범 답안

01 감상문

[준비해 봅시다]

1.

『토지』를 읽고	영화 감상문
'아바타'를 보고	독후감
금강산을 다녀와서	기행문

2. ❹

[읽어 봅시다]

Ⅰ.

1. ❸
2. ❶
3.

시흥 초등학교 → (종다리 해안마을) → (시흥해변) → (일출봉 주차장) → 광치기 해안

4. ❶ ○ ❷ × ❸ × ❹ ○
5.

1) 아담하다	마음이 안정되지 않고 떠있다.
2) 아쉽다	모자라서 안타깝다.
3) 설레다	막히지 않고 활짝 열려있다.
4) 시원스럽다	작고 단정하다.

Ⅱ.

1. ❷
2.

작가	생텍쥐페리
작품 배경	사막에 불시착한 조종사가 여러 별을 여행하면서
주제	순수함을 잃어버린 현대인들의 잘못을 일깨움.

3. ❶
4. ❶ × ❷ ○ ❸ × ❹ ○
5.

어린 왕자	어른들
책임감, 순수함, 동심	탐욕, 욕망, 이기적

02 보고문

[준비해 봅시다]

1.

우유를 이용한 단백질 응고 현상	관찰 보고문
안동 하회마을을 둘러보고	조사 보고문
50년간 한국 인구 분포 변화	답사 보고문
한라산 생태 환경의 변화	실험 보고문

2.

- ☑ 동기 ☐ 비평
- ☑ 방법 ☑ 대상
- ☐ 감상 ☐ 주장

[읽어 봅시다]

Ⅰ.

1. ❸
2.

목적	울릉도와 독도 지역의 해안지형 관찰, 역사 속 이야기 조사
기간	9월 18일~22일, 4박 5일
지역	울릉도 일대와 독도
조사 방법	배로 이동, 해안지형 관찰, 지역 주민들과의 대화

3. ❸
4. ❶ ○ ❷ × ❸ ○ ❹ ×
5.

- 봉우리 (울) • 얕은 수심 (독)
- 암석해안 (독) • 바위섬 (독)
- 분화구 (울) • 분지 (울)

Ⅱ.

1. ❷
2.

목적	대학생들이 입사하고 싶어하는 기업의 경영 전략과 기업 문화를 알고 싶어서
기간	2010년 10월 2일 하루
장소	대한그룹
조사 방법	대한그룹을 방문하여 회사 분위기를 살펴보고 직원들에게 직접 이야기를 들었다.

3. ❸
4. ❶ × ❷ ○ ❸ ○ ❹ ×
5. ❶(도전) ❷(인화) ❸(규범) ❹(혁신)

03 논설문

[준비해 봅시다]

1.
☑ 자기의 생각을 주장하는 글이다.
☑ 객관적으로 설명하는 글이다.
☑ 논리적으로 쓴 글이다.
☐ 자기의 느낌을 솔직하게 쓴 글이다.

2. (본론) (본론) (서론) (결론)

[읽어 봅시다]

Ⅰ.

1. ❹
2.

서론 • ---- • (가) • • 세계 문화 교류의 현재
• (나) • • 세계화 시대 문화에 대한 문제 제기
본론 • ---- • (다) • • 바람직한 문화 교류의 방향
• (라) • • 현재의 문화교류의 문제점
결론 • ---- • (마) • • 올바른 문화 교류를 위한 자세

3. ❷
4. ❹
5.
1) (활발하다)
2) (획일적이다)
3) (추구하다)
3) (주도되다)

1. ❹
2. ❹
3. ❶
4. ❷
5. • (모면하다) • (동참하다) • (지탄을 받다)

04 수필

[준비해 봅시다]

1. (작가) (개방적)
2.
☑ 특정한 형식이 없다.
☐ 인물, 사건, 배경이 필요하다.
☑ 수필에서 화자는 작가 자신이다.
☐ 만들어 낸 인물들이 나온다.
☐ 운율(두운, 각운 등)이 맞는 경우가 많다.

[읽어 봅시다]

Ⅰ.

1. ❸
2. ❹
3. ❷
4. (생명의 존귀함)
5. ❶

Ⅱ.

1. ❸
2.
글(나)–인간 본성에 생명을 사랑하는 마음이 있다.
글(다)–동물 연구는 인간 이해에 도움이 된다.
글(라)–동물과 자연에 대해 많이 알고 사랑하게 되기 바란다.

3. ❷
4. ❹
5.
헛고생: 아무런 보람 없이 고생함
헛걸음: 목적을 이루지 못하고 헛수고만 하고 가거나 옴
헛소문: 근거 없이 떠도는 소문
헛기침: 인기척을 내기 위해 일부러 기침함

[정리해 봅시다]

(공지영: 어렸을 때 직접 기른 경험을 통해서/ 최재천: 동물에 대한 연구를 통해서)

모범 답안

05 소설

[준비해 봅시다]

1. (인물)　(사건)　(배경)

2. (발단) → (전개) → (절정) → (결말)

[읽어 봅시다]

Ⅰ.

1. (옥희 – 여섯 살 여자아이)
2. ❶
3. ❷

Ⅱ.

1. ❷
2. ❶
3. ❶ ○　❷ ×　❸ ○

Ⅲ.

1. ❹
2. ❸
3. ❶ ○　❷ ○　❸ ×

Ⅳ.

1. ❹
2. ❶
3. ❶ ○　❷ ×　❸ ×

Ⅴ.

1. ❹
2. ❹
3. ❹

Ⅵ.

1. ❹
2. ❶
3. ❷

06 설명문

[준비해 봅시다]

1.

• (설)　• (문)

• (논)　• (문)

• (논)　• (설)

2.

나열 •	• 우리나라 방언은 크게 제주도 방언, 경상도 방언, 전라도 방언, 충청도 방언, 경기도 방언, 강원도 방언으로 나눌 수 있다
예시 •	• 우리 가요에 자주 나오는 단어를 보면 눈물, 밤, 꿈, 이별, 비, 외로운, 슬픈, 나그네, 사랑, 안개, 고향 등 이별에 관한 단어가 많다.
묘사 •	• 예를 들어 "혼저 옵소예."라고 할 때 이 지방사람들은 "어서 오십시오"라고 말할 때보다 훨씬 더 친근감을 느낄 수 있다.
분류 •	• 빗질도 안 해 부스스한 머리에 그 날 아침 세수를 했는지가 정말 의심스러운 얼굴로......

(연결: 나열 – 우리 가요에…, 예시 – 예를 들어…, 묘사 – 빗질도 안 해…, 분류 – 우리나라 방언은…)

[읽어 봅시다]

Ⅰ.

1. ㉠:분류　㉡:정의　㉢:예시　㉣:비교　㉤:정의

2.

글 (가)	해킹과 악성 코드
글 (나)	(해킹)
글 (다)	(악성코드)
글 (라)	(컴퓨터 바이러스)
글 (마)	(웜)
글 (바)	(트로이 목마 프로그램)

3. ❶ ×　❷ ×　❸ ○　❹ ○

4.

종류	유사점	차이점
컴퓨터 바이러스와 웜	악성코드 복사 프로그램	목표 대상, 감염 속도
컴퓨터 바이러스와 트로이목마	악성코드	복사 기능

5. ❷

Ⅱ.

1. ❸
2. ❶

3.

폭포수	환상, 꿈, 선녀, 용, 산, 떨어진다, 흐른다, 내린다, 자연의 물, 자연적인 힘, 자연의 본성
분수	조각, 연인, 도심, 솟구친다, 솟아오른다, 분출한다, 문명의 물, 인위적인 힘, 자연의 본성에 도전

4. ❶ × ❷ ○ ❸ ○ ❹ ○

5. ❷

07 논문

[준비해 봅시다]

1.

- ☑ 자신의 의견이나 주장을 논리에 맞게 쓴다.
- ☐ 자신의 주관적인 생각을 입증하지 않고 쓴다.
- ☑ 처음부터 끝까지 내용의 일관성이 있어야 한다.
- ☐ 내용의 일관성을 지키는 것보다 다양한 관점을 나열하는 것이 좋다.
- ☐ 자신의 주제에 맞게 자유롭게 목차를 구성해서 쓴다.
- ☑ 일정한 형식을 지켜서 목차를 구성하여 쓴다.

2.

논문 제목	
Ⅰ. 서론과 이론적 배경 •	• 문제를 제기하거나 연구의 필요성을 기술한다. 관련 이론과 이전 연구들을 살펴본다.
참고 문헌 •	• 논문에서 인용한 자료의 출처를 밝힌다.
Ⅲ. 결론 •	• 연구 결과를 요약하고 논문의 의의, 활용 가치를 정리하며 제언을 한다.
Ⅱ. 연구 방법과 연구 결과 •	• 연구방법을 기술한다. 연구결과를 자세히 기술하고 해석한다.

[읽어 봅시다]

Ⅰ.

1. ❹
2. ❸
3. ❶
4. ❶ × ❷ × ❸ ○

Ⅱ.

1. ❹
2. ❶
3.

김아영의 연구 •	• 교사 및 부모의 따돌림 현상에 대한 인식
이찬근의 연구 •	• 교사와 학생 간의 친밀도와 따돌림 현상의 관계
최은주의 연구 •	• 교사와 학생들 간의 상호작용과 따돌림 현상의 관계

4. ❶ × ❷ ○ ❸ ○

Ⅲ.

1. ❶
2. ❹
3. ❹
4. ❶ ○ ❷ × ❸ ○

Ⅳ.

1. ❸
2. ❸
3. ❹
4. ❶ ○ ❷ ○ ❸ ×

Ⅴ.

1. ❹
2. ❸
3. ❸
4. ❶ × ❷ ○ ❸ ×

Ⅵ.

1. (4) (2) (3) (5)
2. ❸

모범 답안

08 비평문

[준비해 봅시다]

1.

- 현상을 분석한다. (✓)
- 객관적으로 쓴다. (✓)
- 글쓴이의 감정을 표현한다. ( )
- 정서가 풍부한 글이다. ( )
- 줄거리가 있다. ( )
- 필자의 견해가 나타나야 한다. (✓)

2.

문학비평 •	• 소설『소나기』를 읽고
연극비평 •	• '아바타'에 나타난 영상미학
문화비평 •	• '한류 현상'의 현재와 미래
영화비평 •	• 『김종욱 찾기』의 무대 효과에 대해

[읽어 봅시다]

Ⅰ.

1. ❸

2.

(가) •	• 요즘의 노래방
(나) •	• 노래를 좋아하는 한국사람들
(다) •	• 노래방의 역사
(라) •	• 일본의 가라오케와 한국의 노래방 비교
(마) •	• 사람들이 노래방을 찾는 이유
(바) •	• 노래방의 특징

3. ❹

4. ❶ ○ ❷ ○ ❸ ○ ❹ ×

5. 1) (귀띔) 2) (고성방가) 3) (삼삼오오) 4) (뒤풀이)

Ⅱ.

1. ❹

2. ❸

3. ❷

4. ❶ × ❷ ○ ❸ ○ ❹ ○

5. 1) (희망) 2) (내면) 3) (정상) 4) (천국)

09 기사

[준비해 봅시다]

1.

언제	지난 한달 간	무엇을	(마약을)
어디에서	(강남에서)	어떻게	공급했다
누가	(추 씨가)	왜	(유흥비를 마련하기 위해)

2. 문화, 경제, 정치, 국제, 사회

[읽어 봅시다]

Ⅰ.

1. ❹

2.

누가	(기상대가)
언제	27일 오전 4시에
무엇을	(폭염주의보를)
어떻게	경북지역에 내렸다

3. ❶ × ❷ × ❸ ○

Ⅱ.

1. ❶

2.

누가	황씨가
언제	4월 14일
어디에서	은평구 가좌동 이모씨 집에서
무엇을	(3천8백만원 상당의 금품을)
어떻게	(훔쳤다)
왜	(생활비를 마련하기 위해서)

3. ❹

Ⅲ.

1. ❶

2.

누가	(항공사 들이)
언제	다음 달부터
무엇을	(항공료를)
어떻게	올리기로 했다.
어떻게	(항공료 인상률이 물가 상승률에 못 미쳤고 새 항공기를 도입했기 때문에)

3. ❶ ○ ❷ × ❸ ○

Ⅳ.

1. ❷

2.

누가	(강씨가)
언제	(지난 달 21일~25일)
어디에서	인터넷 상에서
무엇을	AB텔레콤 고객 정보를
어떻게	(유출했다)

3. ❶ × ❷ ○ ❸ ×

Ⅴ.

1. ❸

2. ❹

3. ❶ ○ ❷ × ❸ ○

Ⅵ.

1. ❶

2. ❶

3. ❶ ○ ❷ × ❸ ×

Ⅶ.

1. ❹

2. ❹

3. ❶ ○ ❷ ○ ❸ ×

10 연설문

[준비해 봅시다]

1. (청중) (의견) (주장하)

2.

☑ 연설의 목적 파악하기 ☑ 연설자의 주장 찾기
☐ 연설 날짜 찾기 ☐ 객관적 정보 찾기
☑ 연설 대상자 찾기 ☐ 인물의 성격 파악하기

[읽어 봅시다]

Ⅰ.

1. ❸

2.

인사말		• 입사을/를 축하하고 있다. • 운에 대해서 말하려고 한다.
본론	운에 대한 일반적인 생각	운은 인간이 통제할 수 없는 것이다. 모든 일은 운 때문이고 내 책임이 아니다.
본론	운에 대한 연설자의 생각	운이라는 것은 준비된 사람에게 찾아오는 것이다.
마무리		• 행운은 자신의 꿈을 위해 준비해 온 사람들에게 주어지는 선물 같은 것이다. • 다음 기회를 위해 준비를 시작하자.

3. ❸

4. ❹

5.

1) 배려 • • 사람에게 생기는 좋은 운수
2) 우연 • • 관심을 가지고 마음을 써줌
3) 겸손 • • 다른 사람을 높이고 자신을 낮춤
4) 행운 • • 아무런 이유 없이 뜻하지 않게 일어난 일

Ⅱ.

1. ❸

2.

인사말		• 대학 졸업을/를 축하하고 있다. • 제 인생의 몇 가지에 대해서 말하려고 한다.
본론	1. 점을 잇는 것	과거에 했던 경험이 나중에 하게 되는 일에 도움이 될 수 있다고 믿어야 한다.
본론	2. 일에 대한 사랑	일을 사랑하면 결국 그 일을 포기하지 않게 된다.
본론	3. 죽음에 대한 것	내일 죽을 수도 있다는 생각은 모든 일에 최선을 다 하게 한다.
마무리		• 시간은 제한되어 있다. 그러니까 삶을 낭비하지 말라. • 가장 중요한 것은 자신의 마음속에서 말하는 것을 따르는 용기를 가져라.

3. ❸

4. ❹

5. ❸

색인

색인

출전

과	저자	참고자료	쪽수
01	강제윤	『올레, 사랑을 만나다 : 섬 순례자 강제윤의 제주 올레길』, 예담, 2010.	19~20
03	서울경제	〈감동적인 미 부자들의 기부문화〉, 『서울 경제』, 2010.	2010. 8. 7자 사설
	강태호	〈부자들 '기부서약' 좋지만…가난한 사람들 도움 갈까?〉, 『한겨레』, 2010.	2010. 8. 9자 기사
04	공지영	「똥개 바둑이」, 『상처 없는 영혼』, 오픈하우스, 2010.	108~111
	최재천	「알면 사랑하게 된다」, 『최재천의 인간과 동물』, 궁리, 2007.	15~28
05	주요섭	「사랑손님과 어머니」, 『20세기 한국소설9』,창비, 2005.	13~14 23~24 43~44
	황순원	「소나기」, 『별』, 문학과 지성사, 2000.	210
	김애란	〈나는 편의점에 간다〉, 『달려라 아비』, 창비, 2005.	53~54
	김승옥	「서울,1964년 겨울」, 『20세기 한국소설19』,창비, 2005.	296~297
06	안철수	『CEO 안철수 지금 우리에게 필요한 것은』, 김영사, 2004.	164~165
	이어령	「바람이 불어오는 곳」, 중학교 3학년 1학기 『국어』 교과서, 교육인적자원부, 2003.	62~63
08	김찬호	「온국민이 '카수' 왕」, 『문화의 발견』, 문학과 지성사, 2007.	62~70
	정여울	〈우리는 무엇을 괴물이라 부르는가〉, 『한겨레』, 2010.	2010. 5. 28자 칼럼
09	성하운	〈여름철 소개팅 시 꼴불견 매너는?〉,『동아일보』, 2010.	2010. 7. 27자 기사
10	김태원	『죽은 열정에게 보내는 젊은 구글러의 편지』, 소금나무, 2007.	29~31